세상을 떠난다는 것

인생은 봄날처럼 지나간다

세상을 떠난다는 것

인생은 봄날처럼 지나간다

매기 캘러넌 · 패트리샤 켈리 지음

손혜숙 옮김

눈과마음

괴팍한 할망구

이 시는 스코틀랜드 던디 근처 한 양로원에서 홀로 살다가 쓸쓸히 세상을 떠난 어느 할머니의 것이다.
간호사에 의해 유품 속에서 발견되어 우연히 사람들에게 알려지게 되었다. 입에서 입으로 전해지다 북아일랜드의 한
정신과학 잡지에 실리게 되고, 마침내 전 세계인의 심금을 울리게 된다.
시의 주인공인 '괴팍한 할망구'는 바로 멀지않은 미래의 당신과 나이기에...

당신들 눈에는 누가 보이나요,
간호사 아가씨들
내가 어떤 모습으로 보이는지 묻고 있답니다
당신들은 나를 보면서 어떤 생각을 하나요?

저는 그다지 현명하지도 않고
성질머리도 괴팍하고
눈마저 흐리멍덩한 할망구일 테지요

먹을 때 칠칠치 못하게 음식을 흘리기나 하고
당신들이 나한테
"한번 노력이라도 해봐욧!" 소리 질러도
아무런 대꾸도 못하는 노인네

당신들의 보살핌에
감사할 줄도 모르는 것 같고
늘 양말 한 짝, 신발 한 짝을
잃어버리기만 하는 답답한 노인네

그게 바로 당신들이 생각하는 나인가요?
그게 당신들 눈에 비쳐지는 나인가요?

그렇다면 눈을 떠보세요
그리고 제발,
나를 한번만 제대로 바라봐줘요

이렇게 여기 가만히 앉아서
분부대로 고분고분
음식을 씹어 넘기는 내가
과연 누구인가를 말해줄게요

저는 열 살짜리 어린 소녀랍니다
사랑스런 엄마와 아빠…… 그리고
오빠, 언니, 동생들도 있지요

저는 스무 살의 꽃다운 신부랍니다
영원한 사랑을 맹세하면서
콩닥콩닥 가슴이 뛰고 있는
아름다운 신부랍니다

그러던 제가 어느새 스물다섯이 되어
아이를 품에 안고
포근한 안식처와 보살핌을 주는
엄마가 되어있답니다

어느새 서른이 되고 보니
아이들은 홀쩍 커버리고……
제 품에만 안겨있지 않답니다

마흔 살이 되니
아이들이 다 자라 집을 떠났죠
하지만 남편이 곁에 있기에
아이들 그리움으로 눈물로만 지새우지는 않는답니다

쉰 살이 되자, 다시
제 무릎 위에 아가들이 앉아있네요
사랑스런 손주들과 나
그런대로 행복한 할머니입니다

암울한 날이 다가오고 있어요
남편이 죽었거든요
홀로 살아갈 미래가,
두려움이 저를 떨게 하네요

자식들은 자기 아이 키우느라
정신들이 없답니다
젊은 시절 내 자식들에 퍼부었던
그 사랑을 또렷이 난 기억하지요

어느새 노파가 되어버렸네요
세월은 참 잔인하네요
노인을 바보로 만드니까요

몸은 자꾸만 쇠약해져가고
우아했던 기품과 정열은 저를 떠나버렸어요
한때 힘차게 박동하던 내 심장 자리에

이젠 돌덩이가 들어앉았네요

하지만 아세요?
늙어버린 이 몸뚱이 안에 아직도
16세 소녀가 살고 있음을

그리고 이따금씩은
쪼그라든 제 심장이 쿵쿵대기도 한다는 것을

젊은 날들의 기쁨을 기억해요
젊은 날들의 아픔도 기억해요
그리고…… 이젠
사랑도 삶도 다시 즐겨보고 싶어요

지난 세월을 되돌아보니
너무나도 짧았고
너무나도 빨리 가버렸네요
내가 꿈꾸며 맹세했던 영원한 것은
세상에 존재하지 않는다는 무서운 진리를
이젠 받아들여야 할 것 같아요

모두들 눈을 크게 떠보세요
그리고 날 바라봐줘요
내가 괴곽한 할망구라뇨
제발,
제대로 한번만 바라봐주어요
'나'의 참모습을 말예요

차례

우연한 발견

죽어가는 환자와 그 가족들을 상대하는 일을 하는 우리 호스피스들은, 어둡고 고돼 보이는 그런 일을 왜 선택했냐는 질문을 자주 받는다.

"어떻게 그런 일을 할 수 있죠? 그런 우울한 일을?"

놀랍게도 이 일은 호스피스들에게 대단한 만족감과 성취감, 나아가 기쁨까지도 안겨준다. 어떻게 그럴 수 있냐고? 그것은 세상에 왔다가 떠나는 탄생과 죽음 간의 유사성을 알게 된 데 부분적으로 그 답이 있다. 그에 대한 이해가 호스피스로서 나의 역할과 거기서 얻어지는 보람을 규정할 수 있게 하는 것이다.

임종자각이란 개념에 도달하게 된 것은 우연이었다. 시작은 점심시간에 동료들과 나누던 대화에서다. 토론은 으레 환자들이 전하려는 메시지와 그 해석의 모호함에 초점이 모아지곤 했다. 우리는 어떤 환자의 말과 제스처에 그야말로 십인십색의 해석을 가하는 식으로 열띤 토론을 이어갔다. 그러던 어느 날, 이 각양각색의 해석들을 연결시켜주는 맥락이 있는 게 아닐까 하는 생각에 미치게 되었다. 우리는 몇 달간, 조리 없이 횡설수설하는 환자들의 말을 새겨듣고, 그 말들을 자세히 검토해보기로 했다. 곧 뭔가 의미심장한 의사전달 유형으로 보이는, 반복되는 패턴이 있음을 발견했고, 결국 수백 이상의 사례 연구에 착수했다. 자료를 수집하고 그것을 검토하면서 그들의 메시지가 두 가지 주요 범주로 나뉜다는 것을 확신했고, 그 놀라운 발견에 흥분했다.

메시지의 첫 번째 범주는 환자들이 자신의 체험을 묘사하는 것이었다. 이미 고인이 된 누군가와 같이 있다거나, 여행 준비나 탑승 준비를 해야 한다거나, 그 사람만 볼 수 있는 어떤 장소를 언급하거나, 언제 죽게 될지를 알리는 내용들이다.

두 번째 범주는 평화로운 죽음을 맞기 위해 어떤 조건이나 사람이 필요하다는 메시지들이었다. 그것은 개인적 관계나 영적, 도덕적 관계들을 풀고 싶다는 소망, 또는 평온한 죽음에 장애가 되는 것을 제거해달라는 요구들이다.

좀 더 깊이 파고들면서 다양한 메시지들을 해석할 수 있었고, 환자뿐 아니라 가족과 전문 간병인들에게도 이런 이해가 얼마나 큰 도움이 되는지 알게 되었다. 환자들은 죽음에 가까워지면서 사람과 장소, 사물에 대해 특별한 자각을 발달시켰다. 이 자각은 서서히 점진적으로 커져갔다. 비록 현세 의식과 내세 자각을 번갈아 넘나들었지만, 죽음이 임박할수록 그 자각도 강해졌다. 자각과 가까워짐, 그리고 죽음이 그런 행동 양태를 설명하는 핵심 단어들이었기에, 그것에 '임종자각'이란 명칭을 붙이기로 했다.

　이 책은 죽어가는 사람들을 돌보며 숱한 죽음들을 지켜본 호스피스들이 썼다. 이 책의 소재들은 최고의 스승인 죽어가는 환자들에게서 직접 나온 것들이다. 죽음이 어떤 것인지 몸소 겪어가면서 가르침을 준 그 사람들로부터 나온 것은, 오히려 삶에 관한 충만한 이야기였다. 그것은 너무나 흥미롭고 강력해서 지켜보는 사람들의 삶마저 바꿔놓았다. 그리고 이제 그 메시지들은 당신의 삶 속으로 충만하게 스며들 것이다.

이 책은 죽어가는 사람과 앞으로 그렇게 될,
세상의 모든 사람들을 위한 것이다.

제1부

우리가 죽음을 맞이하는 방식

1.

"줄 설 시간이야."

여행 혹은 탑승을 기다리다

로라

방안에는 미묘한 정적이 흐르고 있었다. 로라의 침대 발치께에서 한참을 서성이던 조는, 침대에 누운 아내 곁에 앉으려고 간호조무사와 화장대 사이를 가만가만 지나갔다. 아내의 손을 쥐고 쓰다듬기 시작하는 그의 얼굴에는 수심이 가득했다.

"로라, 당신 괜찮아? 말 좀 해봐!" 그가 소리죽여 물었다.

로라는 꿈꾸는 듯한 미소를 지으며 고개를 끄덕였지만, 말을 하지는 않았다. 조를 불안하게 만든 건 이것이었다.

"로라, 나요. 뭐든 말 좀 해봐! 당신이 정말 걱정돼!"

그가 다시 채근하듯 묻자, 결국 그녀는 속삭이듯 대답했다.

"조, 난 괜찮아요."

조가 간호조무사 쪽을 바라보았지만, 그녀 역시 자기도 잘 모르겠다는 표정이었다.

"여보, 어디 아파? 뭐 필요한 거라도 있어? 어디가 안 좋아? 여보, 무슨 일인지 제발 말 좀 해봐."

그가 다시 물었지만, 로라는 눈을 감은 채 고개를 저으며 미소만 지을 뿐이었다. 조가 간호조무사에게 거실로 따라나오라는 신호를 가만히 보냈다.

"어디가 안 좋은 거요? 오늘 아침만 해도 괜찮았는데. 좀 쇠약해지긴 했어도 평소와 크게 다르지 않았잖소? 같이 차도 마셨고."

"좀 전부터 그러신 거예요. 약도 시간 맞춰 잘 드셨고 아침도 좀 드셨는데, 뭐가 잘못됐는지 저도 잘 모르겠어요. 보시기에 할머니가 정신이 좀 흐릿해지신 것 같지 않아요?"

간호조무사는 이렇게 말하면서 너무 염려 말라는 듯 조의 어깨를 다독였다.

"뭐라고 딱 꼬집어 말하긴 어렵지만, 지나치게 말이 없어졌소. 왠지 이상한 느낌이 든단 말이야. 간호사한테 연락해보는 게 좋겠소."

조는 초조하게 전화기로 손을 뻗었다.

이렇게 당신이 신경 쓰는 사람이 많이 아플 수 있다. 어쩌면 그는 죽어가고 있을지도 모른다. 그러면 검진, 입원, 진료 신청 등 할 일이 무척 많아진다. 때로는 여러 명의 의사들에게 진료를 받아야 한다. 외과의, 암 전문의, 방사선 전문의 등등.

말기 질환에 잘 대처하기란 그냥 좀 힘든 일을 해내는 것 이상이다. 그것은 완전 소모전일 뿐 아니라 당신의 삶 구석구석까지 슬며시 스며든다. 이야기를 나누어야 할 사람도, 물어봐야 할 것도, 할 일도 많아진다. 치료와 처방에 걸었던 희망도 금세 두려움과 실패로 바뀔 수 있다. 그것은 심신을 피폐하게 하고, 극심한 감정의 기복을 유발하는 것이다. 마치 당신의 삶 한복판에 초대하지 않은 낯선 이방인이 들어와 점점 더 넓은 자리를 차지해가는 것과 같다.

말기 질환은 아픈 사람 한 사람의 문제가 아니다. 가족과 친구와 이웃과 직장동료들에게도 영향을 미친다. 잔잔한 연못에 던져진 돌멩이 하나가 일으키는 파문처럼, 눈앞에 닥친 죽음은 죽어가는 사람이 살아오면서 맺었던 모든 관계에 번져간다. 주변 사람들모두가 저마다의 문제와 두려움과 의문점에 직면하게 된다.

그렇다면 이런 절망적인 상황에서도 긍정적인 뭔가를 찾아내는 것이 가능할까? 죽음이 몰고 온 갖가지 상실감에 대처하면서, 남은 시간을 삶의 소중한 순간들로 잘 꾸려갈 수 있을까? 환자가 죽음으로 향하는 여행에서 그냥 죽어가기보다는, 그래도 죽기 전까지 의미있는 시간이 되게 할 방법은 없을까? 이 시간이 우리 모두에게 개인적인 성장의 시간이 될 수는 없을까?

단언하건대, 그럴 수 있다.

로라는 평생 교사로 살았다. 은퇴할 무렵 첫 남편이 죽자, 그녀는 다시 새로운 인생을 배우기로 마음먹었다. 그녀는 열렬히 독서를 하며 지식의 갈증을 풀었고, 새로운 사람과 낯선 곳을 찾아 여행하며 삶의 다른 면을 만들어갔다.

그녀가 조를 만난 건 인도여행에서였다. 나이 지긋한 그는 은퇴한 홀아비였지만, 왠지 모르게 끌리는 맑은 눈을 가진 사람이었다. 여행 스타일도 로라와 같았다. 여행 중에 마주쳤던, 그들보다 훨씬 젊은 배낭여행족들처럼 그들도 각자의 배낭을 짊어지고 이곳저곳을 다녔다. 첫눈에 끌려 사랑에 빠진 그들은 집에 돌아와 약혼을 발표했다. 양가의 장성한 자녀들 모두가 부모들의 새로운 결단에 놀라워했다.

결혼식은 양가 자녀들과 손주들이 참석한 가운데 간소하게 치러졌다. 로라는 인도에서 산 사리를 입고, 손자 로비의 손을 잡고 입장했다. 그녀가 자기를 인도해줄 주인공으로 로비를 선택한 것은 그 애의 엄마, 몇 년 전 마흔다섯에 유방암으로 죽은 딸 수잔과 혈육의 정을 간직하고 싶어서였다. 예식이 끝나고 나서는 로라가 애지중지하는 러시아 앤틱 도자기에 인도음식을 담아먹으며 즐거운 시간을 보냈다.

로라는 집을 팔고 가구는 대부분 남을 주었다. 조 역시 살고 있던 아파트를 팔았다. 그들은 노인전용 주택단지에 침실 하나인 아파트를 빌려, 한때는 두 집을 가득 채웠던 가재도구들로 그곳을 가득 채웠다. 캐비닛, 거울, 진열장과 조가 수집한 시계들로 어지럽게 채워진 좁은 현관복도는 둘의 몸이 맞닿아야 간신히 지나칠 정도였다. 그래도 두 사람은 행복했다.

일단 거처를 정하고 나자, 조와 로라는 다시 여행길에 올랐다. 이제는 2인조로. 한때는 여행에서 지겹기 그지없던, 수화물을 기다리고 입장권을 사느라 줄을 서는 일, 세관, 비행기, 버스, 기차 타는 줄서기가 이제는 두 사람이 함께할 수 있는 좋은 기회가 되었다. 조는 건망증이 심해서 로라의 계획성과 관리력에 크게 의지했는데, 그녀는 이런 역할을 좋아했다.

몇 달 전 로라의 생일 기념으로 떠난 멕시코 여행에서였다. 로라가 이질에 걸리는 바람에, 급작스럽게 여행을 중단하고 돌아와야 했다. 로라는 탈수증세로 입원하게 되었는데, X-레이 촬영 결과 결장에 종양이 발견되었다. 절제가 불가능한 악성이었다. 게다가 암이 벌써 간까지 전이된 상태라 그녀의 나이를 감안할 때, 적극적인 치료를 받을 수도 없었다. 의사는 여섯 달 남짓 더 살 수 있을 거라고 알려주었다.

그들에게는 뼈아픈 소식이었다. 로라는 자신에게 남은 시간을 조와 함께 집에서 보내겠다고 했다. 조는 기꺼이 모든 방법을 동원해 그녀를 돕겠다는 결심을 했다. 또 자신들을 지원해줄 호스피스 센터에도 전화를 걸었다.

그 뒤 넉 달간이 봄날처럼 지나갔다. 로라의 통증은 그리 심하지 않아 약물로 쉽게 조절되었다. 가족들은 음식을 만들어오거나 그녀와 함께 있기 위해 자주 다녀갔다. 그녀와 조는 여행에서 찍은 사진이나 젊은 시절의 앨범을 훑어보면서 몇 시간씩 훌쩍 보내는 일이 많았다. 물론 그 시간들이 행복하기만 한 건 아니었다. 젊고 건강했던 딸 수잔의 사진을 보면 로라는 언제나 눈물을 흘렸다.

그녀는 "부모가 되어 자식보다 오래 사는 건 못할 짓이에요. 딸애가 너무 보고 싶어요. 그 애가 아니라 내가 갔어야 하는데……." 라며 울먹였다.

하지만 로라는 자신이 처한 상황에 담담하게 대처했고, 사람들에게 평온한 태도를 유지하는 데 최선을 다했다. 문제는 로라가 점점 더 많은 부분을 의존해야 하는 상황을 조가 혼자 감당하기 힘든 데서 발생했다. 조의 초조함과 심란함은 행동으로 나타났다. 로라가 진통제를 달라고 하면 그는 이 대단한 목표를 안고 단숨에 달려갔다. 하지만 가는 도중에 이런저런 쓸데없는 것들에 신경을 빼앗겨, 약에 대해서는 까맣게 잊고 만다.

로라의 자녀들은 가정 간호사를 고용하는 방법으로 이 문제에 대처했다. 그녀는 로라를 돌보는 노력 못지않게 조를 챙기는 일에도 많은 시간을 할애해야 했다.

그런대로 하루하루를 잘 견뎌가던 어느 날 아침, 갑자기 로라의 행동에 변화가 생겼다. 그녀는 늘 즐기던 목욕을 마다했다. 왠지 멍하니 딴 생각을 하는 것 같았다. 조는 아내의 이런 상태에 놀라 호스피스 센터로 전화를 걸어왔다. 내가 도착하니, 조는 문밖에서 초조하게 나를 기다리고 있었다.

"저 사람이 오늘 좀 달라졌소. 나를 보기는 하는데 내가 거기 없는 것처럼, 어디 먼 곳을 보는 것 같소."

침대커버를 움켜쥐고 멍하니 허공을 응시하는 로라는 뭔가에 정신이 팔려 있는 것 같으면서도 무척 초조해 보였다. 급히 상태를 체크해봤지만 이런 행동변화를 가져올 만한 뚜렷한 이유는 찾을 수 없었다.

내가 "로라 할머니, 무슨 일이에요? 지금 어디 계시죠?" 하고 물었다.

"줄 설 시간이야."

"줄에 대해 좀 더 자세히 말씀해보세요. 거기 누구, 할머니 아시는 분이라도 있나요?"

그녀는 순간 환한 미소를 지으며, 그러나 여전히 허공을 응시한 채 "수잔이 줄에 있어." 하고 대답했다.

"좋겠네요. 할머니도 그 줄에 서고 싶으세요? 더 자세히 말씀하실 수 있어요?"

그러자 갑자기 로라는 생각에 잠기며 슬픈 얼굴로 말했다.

"하지만 조가 나하고 같이 갈 수 없잖아."

순간, 나는 그녀가 그렇게 끔찍이 그리워하던 딸과 함께 있고 싶은 마음과 자신을 그토록 필요로 하는 남편 곁에 머물고 싶은 마음 사이에서 갈등하고 있음을 알아챘다.

"할머니, 그건 참 어려운 선택일 것 같네요. 할머니가 줄을 서실 수 있게 제가 할아버지를 좀 도와드릴까요?"

이 말에 로라는 눈에 띄게 편안해지며 "그래." 하고 대답했다.

조는 여행지에서 수집한 각종 고가구와 이국적인 기념품들로 둘러싸인 거실에 있었다. 그의 주변에는 예닐곱 개의 시계들이 째깍거리고 있었는데, 시계마다 다른 시간에 맞춰져 있었다. 나는 소파에 앉아 로라와 나눈 이야기를 들려주었다. 그가 울기 시작했다.

휴지를 건네며 내가 말을 꺼냈다.

"할아버지가 힘드실 거라는 건 알아요. 그런데 할머니가 우리에게 뭘 말하고 싶어 하는지 짐작되세요?"

"저 사람이 수잔을 만나는 꿈을 꾸고 있는 것 같소만, 어쩌면 그 둘이 다시 만날 거라는 말 같기도 하고."

"무슨 다른 뜻이 있다는 생각은 안 드세요?"

"나도 같이 갔으면 좋겠다고 말하는 것 같은데, 나는 그럴 수 없잖소. 저 사람이 그걸 걱정하는 것으로 들리는데."

"할아버지를 걱정하시는 무슨 특별한 이유라도 있나요?"

"내가 저 사람한테 많이 의지하고 있으니까…… 내 생각에는 자기 없이 나 혼자 어떻게 살아갈지를 걱정하는 것 같소."

"그럼 혹시 앞으로 어떻게 살아가실지 계획해놓은 게 있으세요?"

"있소. 나도 이제 총기가 예전 같지 않고, 그래서 아들네로 이사 갈 생각이지."

조는 계속해서 생각해둔 계획을 자세히 설명했다.

"계획을 잘 세우신 것 같네요, 할머니도 그걸 알고 계시나요?"

"선생 같으면 죽어가는 사람을 앞에 두고 당신이 가고 나면 이렇게 저렇게 하겠단 말을 할 수 있겠소!"

조는 몹시 불쾌해했다. 나는 이 얘기가 떠나는 할머니의 괴로움을 덜어줄 테니, 알려주는 게 어떻겠냐고 넌지시 떠보았다. 조는 슬픔 가득한 얼굴로 구부정하게 앉아 팔을 무릎에 괸 채 곰곰 생각에 잠겼다.

"그런 얘기를 해야 한다는 건 정말 힘든 일이오. 정말 생각조차 하기 싫소. 내가 상상할 수 있는 최악의 일이야."

나는 그가 감정과 걱정 들을 계속 말하게 잠시 놔두었다. 그런 다음, 로라에게 지금 필요한 것은 앞으로 일어날 일을 그가 충분히 받아들이고 있음을 보여주는 거라고 거듭 이야기했다. 그는 대화를 끝내려는 듯 몇 번이나 벌떡벌떡 일어섰지만, 좁은 방안에서 서성이다 도로 주저앉곤 했다.

마침내 조가 침실로 들어갔다. 그는 로라 옆에 앉아서 그녀의 손을 꼭 잡았다. 그의 눈물이 뺨을 타고 흘렀다. 조는 자기 계획을 들려주고 그녀의 죽음을 허락했다.

"나로서는 이런 일이 일어난다는 게 정말 싫지만, 당신이 가야 한다는 걸 알고 있소. 당신은 내 걱정 말아요. 내 장담하건대 잘 지내리다. 약속하오. 내 계획을 들어보겠소?"

조는 그녀가 죽고 난 후에 자신이 어떻게 할지를 설명했다. 겨울에는 플로리다에 사는 동생과 함께 살 것이고 여름에는 북부에 사는 아들 가족과 함께 살 것이다. 두 집 다 정원이 있으니 로라가 해 왔던 것처럼 정원을 멋지게 손질하겠다는 말도 덧붙였다.

그는 아내에게 입을 맞추며 "무엇보다도 당신 손주들, 내 손주들 생일은 잊지 않고 꼭 기억하겠소!"라는 말로 끝을 맺었다.

조의 이야기를 들은 후 초조한 듯 뭔가에 정신이 팔려 있던 그녀의 상태가 진정되었다. 로라는 평온해졌고, 며칠 뒤 숨을 거둘 때까지 동요되지 않았다. 그녀가 평화로이 죽음을 맞이할 때 조는 눈물을 흘리며 그녀의 손을 꼭 쥐고 있었다.

로라가 말한 "줄 설 시간이야." 같은 것은 죽음에 임박했을 때 누구나 흔히 하는 말이다. 하지만 그런 말에 대해 우리는 정신이 '혼미해서'라고 생각하면서 흘려듣기 쉽다. 로라의 경우에도 그런 식으로 대처했다면, 다음과 같은 그녀의 중요한 메시지를 놓쳤을지 모른다.

- 나는 곧 죽게 된다.
- 난 수잔을 다시 만날 것이다.
- 내가 죽는다는 사실을 조가 받아들이고 있는지, 또 내가 죽은 이후를 대비하고 있는지 알아야겠다.
- 내가 떠난 뒤에도 그 사람이 잘 지낼 거란 보장이 필요하다.

육신의 고통이 아닌 감정적이고 영적인 그녀의 고통을 덜어준 것은, 조의 솔직한 대응이었다. 조가 자신의 계획을 설명하고 작별 인사를 한 후에야 그녀는 괴로움 없이 마지막 시간을 보낼 수 있었다. 평온하게 죽기 위해 필요했던 정보를 다 얻은 것처럼.

임종을 눈앞에 둔 사람들은 흔히 살면서 경험했던 일과 관련된 상징어를 사용한다. 로라와 조는 여행에서 만났고, 그들의 일상은 입장권 사는 줄부터 수하물, 여권검색 줄에 이르기까지 온통 줄서기였다. 그녀는 '수잔이 있는 줄에 서겠다'는 말로 이제 자기는 조와 동행할 수 없는 다음 여행을 준비해야 한다고 말한 것이다. 로라는 조의 안녕을 몹시 염려하는 한편, 자신도 혼자가 아니라 수잔을 다시 만날 것이라 생각했다.

로라의 장례 후에, 조는 "내가 죽을 때 그 사람이 날 기다리고 있으리란 걸 알고 있소. 수잔이 그 사람을 기다렸듯이 말이오."라고 말했다. 로라의 죽음을 겪으며 그 역시 자신의 죽음에 대한 생각을 일찌감치 정리할 수 있었다.

2.

"지도가 어디 있지?"

어른이 되고 싶었던 엘렌의 꿈

엘렌

엘렌은 전형적인 열일곱 살 치어 리더의 모습이었다. 파란 눈에 금발머리, 예쁘고 총기 있고 개성 강한 그녀는 모든 면에서 뛰어난 우등생이었다. 그런데 고등학교 3학년 9월, 난데없이 오른쪽 허벅지에 날카로운 통증이 왔다.

처음에는 풋볼팀을 응원하다가 근육이 접질려서 그런가 보다 했다. 하지만 통증이 계속되고 심해지는 데다 다리가 점점 약해졌다. 급기야 의사에게 진찰을 받았는데 생각지도 않은 끔찍한 진단을 받았다. X-레이 검사 결과, 몸 어딘가에서 시작된 암이 다리뼈까지 퍼져 있었던 것이다.

온갖 검사에도 불구하고, 엘렌의 암이 어디서 시작됐는지 밝힐 수 없었다. 게다가 암은 이미 다른 뼈들과 늑골, 왼쪽 엉덩이, 어깨까지 퍼져 있었기 때문에 다리를 절단하는 수술은 할 필요도 없었다. 즉시 방사선 치료가 시작됐다.

이 암담한 사실에 엘렌과 가족들은 할 말을 잊었지만, 서로 힘을 합쳐 상황을 극복하고자 했다. 엘렌은 암을 재앙이라기보다 도전과제로 여기기로 했다. 엘렌의 결심은 가족과 친구들에게도 영향을 미쳐, 모두들 그녀가 치료를 받으면서 학업을 계속할 수 있도록 열성적으로 도왔다.

엘렌의 오빠들과 선생님, 친구들이 그녀의 가방을 들어주고 휠체어를 밀고 학교 복도를 돌아다녔다. 학교에 가지 못할 만큼 쇠약해졌을 때는 가정교사가 집으로 와서 그녀의 학과 공부를 도왔다. 엘렌은 우수한 성적을 유지했고, 기립박수를 받으며 친구들과 함께 졸업했다.

그 해 친구들이 대학에 진학하자, 그녀는 친구들에게 "치료 끝나고 다음 학기에 보자!"라며 눈물을 흘렸다.

엘렌의 어머니는 "우리는 기독교 집안이어서, 가족 중 한 사람에게 문제가 있으면 모두가 그걸 나눠 지지요. 우리는 같이 싸울 거예요."라고 다짐했고, 그들은 정말로 그렇게 싸웠다. 그녀의 아버지는 "우리 공주님은 투사예요. 암도 그 아이를 막지 못합니다!"라고 말하곤 했다.

하지만 암은 그녀를 가로막았다. 온갖 치료법을 다 써봤지만 효과는 미미했고, 암세포는 놀라운 속도로 퍼져갔다. 대학을 가고 어른이 되고 싶었던 엘렌의 꿈은 바래기 시작했다. 바깥 세상에 대한 그녀의 관심도 사그라지고, 친구들의 병문안도 더는 그녀의 주의를 끌지 못했다. 그녀는 그저 가족과 함께 편히 있고 싶어했다.

어떤 치료도 도움이 안 되자, 엘렌은 치료를 중단하기로 결정했다. '상태가 호전되는 시간'은 갈수록 짧아졌고 빈도도 줄어갔다. 극도로 쇠약해지면서 몸조차 가눌 수 없게 되자, 의사는 가족들에게 호스피스의 도움을 받아보길 권했다. 그러나 가족들은 듣지 않았다.

그녀의 어머니는, "외부인은 필요 없어요. 우리 힘만으로도 꾸려갈 수 있어요."라고 고집을 부렸다. 의사는 끈기있게 설득했다. "엘렌은 지금 통원치료도 못할 만큼 쇠약해졌어요. 전 왕진을 다니지 않기 때문에 전문가가 환자의 상태를 계속 확인했으면 합니다. 아이가 가능한 한 힘들지 않게 지내도록요."

"선생님을 믿고 한번 생각해보겠습니다." 엘렌의 아버지가 말했다. "염려되는 건, 저 애가 호스피스라는 말을 들으면 우리가 자기를 포기한 줄로 알까 봐 걱정입니다."

엘렌의 부모가 호스피스 센터에 전화를 걸기까지는 그러고도 거의 한 달이 걸렸다. 그때쯤에는 병세가 날로 악화되어 엘렌은 꼼짝 못하고 누운 채로 갈수록 심해지는 통증에 시달려야 했다.

엘렌의 집 진입로에 들어섰을 때, 그녀의 아버지는 굳은 얼굴로 나를 기다리며 마당에 서 있었다. 그는 단호히 말했다.

"아이에게 죽게 되리란 얘기는 절대 하지 마세요. 우리는 그 애를 위해서라도 확신을 가져야 합니다."

나는 엘렌과 가족을 알게 되어 기쁘고 그녀가 의논하고 싶어 하는 문제에 대해서만 이야기하겠다고, 그를 안심시켰다. 대신, 아이에게 위안이 되는 것들에 대해서는 이야기를 많이 나누겠다고 말했다. 나는 엘렌이 나와 함께 있을 때 편안해지기를 무엇보다 바랐다.

가족들이 처음 호스피스를 맞을 때 이런 주의를 주는 것은 흔한 일이다. "아이에게 죽을 거란 이야기 같은 건 절대 하지 마세요. 아이는 전혀 모르고 있어요. 감당할 수도 없을 거고요!" 잠시 후 환자를 만나면 그는 그대로 속삭인다. "제 죽음에 대해서 가족들한테 절대로 말하지 마세요. 그분들은 아무것도 모르고 감당해내실 수도 없을 테니까요!"

"저 아이는 진통제라면 무조건 안 먹으려고 한답니다."

엘렌의 아버지가 내 차에 비스듬히 기대서서 말했다.

"그게 마약 성분이란 걸 알거든요. 마약중독자가 되고 싶지는 않은 거겠죠."

"엘렌이 어떤 방식을 원하든, 거기에 맞춰야겠죠. 우선은 아이가 정확한 정보를 갖는 게 중요합니다. 그래야 자기 나름대로, 최대한 편하게 대처할 수 있을 테니까요." 내가 말했다.

그녀의 아버지는 안심하는 것 같았다. 그러고는 애써 눈물을 참으며 말했다.

"우리는 이런 일이 그 아이에게 일어났다는 게 도무지 믿기지 않습니다. 사실 선생님 일을 어렵게 만들자는 뜻은 없습니다. 다만 아이가 너무 많은 고통을 겪었으니, 또다시 동요시킬 얘기나 행동은 하지 말아주십사 하는 거죠."

"아버님 염려는 충분히 이해해요. 한데 제 일을 좀 더 알게 되면 안심하실 수 있을 것 같은데요. 잠깐만 저랑 같이 아이를 만나보는 건 어떨까요?"

엘렌의 부모는 아직 경계심을 완전히 풀지는 않았지만, 내가 딸을 만나러 들어가는 것을 허락했다.

커다란 솜 베개에 파묻히듯 누워 있는 엘렌은 뼈가 앙상하게 드러나 있었고, 그 때문에 가냘픈 어린 송아지처럼 보였다. 그녀의 어머니와 내가 침대 양쪽에 앉자, 아버지는 침대 머리맡에 자리잡고 섰다. 아마도 내가 금기시되는 주제를 꺼내든다면 서둘러 만류할 준비를 갖춘 듯 보였다.

엘렌은 편안해 보였고 날 만난 것을 기뻐하며 말했다.

"전 우리 식구들이 이 상황을 좀 더 쉽게 넘길 수 있도록 선생님이 많이 도와주셨으면 해요. 가족들에게는 너무 엄청난 일이거든요."

"저 있잖아, 엘렌. 그건 엄마 아빠가 너에 대해 하셨던 말씀과 똑같구나. 나는 네가 대단히 힘들어한다고 들었거든. 그러니 부모님도 너도 이 일을 더 쉽게 넘길 수 있도록 우리 모두 힘을 합치는 게 어떻겠니?"

내가 물었다. 엘렌은 동의의 미소를 지었고, 그녀의 아버지는 완연히 누그러진 눈치였다.

이야기는 점차 통증과 중독의 두려움 쪽으로 흘러갔다.

"아프지 않고 통증이 없었다면 네가 이런 약을 먹었겠니? 네가 현실 도피나 황홀감을 맛보려고 이런 약을 먹었을까?"

내가 이렇게 묻자, 엘렌이 발끈하며 대답했다.

"물론 아니죠!"

나는 약물중독에 대한 두려움은 흔히 있는 일이라고 설명했다. 물론 진통제 남용으로 중독되는 사람도 있다. 하지만 대개 중독은 신체만이 아니라 심리적 필요에서 약물을 사용하기 때문에 생긴다. 몸이 필요해서 적절히 사용되는 약물은 중독현상을 거의 일으키지 않는다. 약물을 습관적으로 사용하면 몸에 내성이 생기기도 하지만, 편안함을 유지할 만큼만 복용량을 늘려 가면 이것도 쉽게 해결된다. 나는 약물중독이 반드시 심리적 의존성이 포함되며, 적절한 조건에서만 사용한다면 절대로 진통제에 중독되는 일은 없을 거라고 말했다.

"그럼 일단 이틀만 복용하면서 두고 볼게요. 괜찮죠?"

"좋아. 하나씩 풀어나가도록 하자. 결정권자는 너니까."

엘렌의 아버지가 나를 차까지 배웅해주었다.

"일주일에 두세 번 방문할 텐데 괜찮으시겠죠? 좀 더 자주 와야 되는 건 아닐지 모르겠네요. 분명한 건 아버지와 어머니가 엘렌을 걱정하시는 것처럼 저 애도 부모님을 걱정한다는 거예요."

"한 달 정도 이렇게 해보고 그때 가서 다시 결정해도 되겠습니까?"

그가 물었다. 이 가족에게는 자신들이 상황을 통제하는 게 대단히 중요한 일인 듯했다.

"그럼요!" 내가 웃으며 말했다. "원하시면 언제든 절 해고하셔도 되고요."

한 달 동안 가족들은 엘렌을 잘 간병했고, 평화롭고 다정한 시간들을 가졌다. 그러던 어느 날, 나는 다급한 전화를 받았다. 엘렌 어머니에게서 온 전화였다.

"빨리 좀 와주세요."

그녀의 절박한 목소리와 함께 전화 너머로 엘렌의 울부짖음을 들을 수 있었다.

"우린 길을 잃었어요!"

엘렌의 부모는 그녀를 달래려고 안간힘을 다 쓰고 있었다. 하지만 그녀는 침대 위에서 몸부림을 치면서 몹시 괴로워하고 있었다.

"지도는 어디 있죠?" 그녀가 울부짖었다. "난 길을 잃었단 말이에요!"

그날 아침 엘렌의 부모는 아래층에 있는 그들의 침실 옆방으로 엘렌을 옮겼다. 그녀의 목소리가 점점 작아져 밤 사이 도와달라고 불러도 못 들을까 염려됐기 때문이다.

방을 옮긴 것이 원인이라고 생각한 그들은 새 환경에 적응할 수 있도록 전에 쓰던 방에서 친숙한 물건들을 옮겨놓았다. 하지만 그들이 뛰어다니면서 물건을 갖다놓을수록, 엘렌은 더 혼란스러워하고 어쩔 줄 몰라 했다. 불안이 극심해지면서 그녀는 그들을 밀어제치며 울부짖었다.

"지도가 어디 있냐고요? 지도를 찾으면 집에 갈 수 있는데! 지도 어디 있지? 집에 가고 싶어!"

엘렌의 아버지는 급히 시내 지도를 사다가 침대 옆에 붙여주기까지 했다. 그러나 그건 그녀를 더 짜증스럽게 만들 뿐이었다. 추가로 투약한 진통제마저 도움이 안 되자, 나는 엘렌 부모를 따로 데리고 나왔다.

"엘렌이 이 집 말고 다른 집에 대해 얘기하는 건 아닐까요?"

"우리는 다른 집이 없는데요." 어머니가 말했다. "하지만 우린 늘 천국을 미래의 우리집이라고 해왔죠. 엘렌이 말하려는 게 그걸까요? 그 애가 곧 죽으려는 게 아닐까요?"

"당장은 아니겠지만, 지금 상태가 계속되면 그럴 수도 있습니다."

엘렌의 부모는 그녀가 말하는 게 천국이고, '착란' 상태에서 자신의 죽음을 알리려는 거라고 결론지었다. 우리는 엘렌의 방으로 들어갔다. 부모는 침대 양쪽에 앉아, 그녀의 손을 꼭 잡고 입을 맞추며 조용히 말했다.

"엘렌, 됐다. 넌 지도를 발견할 거야. 네 갈 길도 발견할 거고. 무슨 일이 일어날지 알겠구나. 우리가 여기서 너와 함께 있을게."

엘렌은 곧 진정되는가 싶더니 평온한 얼굴로 잠에 빠져들었다. 그녀의 부모도 손을 쓰다듬으며 평온한 얼굴로 가만히 앉아 있었다. 고비를 넘긴 듯하여, 나는 조용히 자리를 떴다.

토요일인 다음날, 나는 당직하는 방문간호사에게 그 집에 들러 봐 달라고 부탁했다. 그 간호사는 나중에 그 당시 상황을 전해주었다.

"제가 들렀을 때 엘렌은 깨어 있긴 했지만 무척 졸려했어요. 아주 편안해 보였고요. 부모와 오빠들도 괜찮은 것 같았어요. 가족들이 교대로 환자의 손을 잡고 곁을 지켰고, 밤에도 모두 조금씩은 쉴 수 있었어요.

엘렌이 죽은 건, 그 애가 잠든 걸 보고 식구들과 제가 거실로 나와서 이야기를 나누고 있을 때였어요. 아무 예고도 없이 죽었지요. 고요하고 평온한 죽음이었어요. 전혀 예상치 못했던 일이라 모두 깜짝 놀랐지요. 그런데 엘렌의 어머니가 그러시더군요. '자기가 죽는 게 우리를 힘들게 할까봐 그렇게 걱정하더니, 신기하게도 간호사 선생님이 와 있을 때 떠났군요. 우리더러 걱정 말라는 듯이 말예요.' 가족들 모두가 침대에 모여 작별인사를 속삭이며 엘렌을 안아주었지요. 어머니가 울면서 '이제 엘렌은 집으로 돌아갔어요. 지도를 발견한 모양이에요.'라고 말씀하시더군요."

죽어가는 사람들은 주위 사람에게 이제 자신이 떠날 시간이란 걸 환기시키기 위해 여행이라는 비유를 곧잘 사용한다. 그들은 또한 '저들이 이해할까? 준비가 됐을까? 괜찮을까?' 자문하면서 사랑하는 사람들을 진심으로 염려한다.

죽어가는 이들은 사망허가를 필요로 하는 듯하다. 허락을 받으면 안심하고 편안해하지만, 그렇지 못하면 죽음의 과정이 더 힘들고 길어진다. 이들은 허락의 유무를 주위 사람들의 행동에서 직관적으로 아는 경우가 많다. 허락이 유보되는 건, 주위 사람들이 환자의 고군분투를 이해하지 못하고 이별을 받아들일 준비가 되어 있지 않기 때문이다.

엘렌의 방에서 더 많은 물건을 갖다놓으려고 허둥대던 부모와 침대에서 몸부림치며 가족과 의사소통을 하려 했지만 헛수고에 그쳤던 엘렌을 떠올려보자. 가족들은 엘렌이 그토록 필사적으로 전하려던 메시지, "난 죽어요. 이제 이번 생을 끝낼 시간이 됐어요. 난 우리 가족이 그걸 이해하고, 마음의 준비가 됐는지 알고 싶어요. 이제 그만 가도 좋다는 허락이 필요해요."라는 뜻을 이해했고 그녀를 안심시켰다. 그것이야말로 엘렌이 가장 원하던 것이었다.

가족들이 죽어가는 사람을 이해하고 그에 응하면 모두가 위안과 평화라는 결실을 함께 나눌 수 있다. 엘렌의 가족이 그랬던 것처럼.

3.

임종자각

죽음 앞에서 깨달은 삶의 신비

죽어가는 사람과 그를 돌보는 이들은 서로 값진 선물을 베푼다. 죽어가는 사람은 깨달음과 위안을 주고, 돌보는 사람은 그가 삶의 의미를 확인하면서 평온하게 죽을 수 있도록 돕는다. 하지만 사랑하는 사람이 죽어가는 상황에서는, 비탄과 고통에 휩싸여 소중한 것들을 알아차리기가 쉽지 않다.

'임종자각nearing death awareness, 臨終自覺'이라 이름 붙인 이것은 임종과정에서 얻게 되는 특별한 앎을 말한다. 환자는 임종자각을 통해 죽음이 어떤 것이며 평온한 죽음을 위해 자신에게 필요한 것이 무엇인지를 깨닫고, 이를 주변 사람들에게 알리려 한다. 이 임종자각은 서서히 죽어가는 사람에게서 나타난다. 그는 이 체험을 설명하려 해보지만, 의사전달이 분명치 않거나 전혀 뜻밖의 상징어로 표현하기 때문에, 주위 사람들은 놓치거나 오해하거나 무시하기 일쑤다.

인생의 마지막 몇 시간, 며칠 혹은 몇 주 동안, 죽어가는 사람이 얼토당토않은 말이나 제스처를 하는 일이 종종 있다. 가족이나 친구들은 그걸 보며, "저 사람 정신이 오락가락해." "저 이는 지금 무슨 일이 일어나는지 몰라."라고 말한다. 환자 곁을 지키는 사람이 죽어가는 사람을 놓고 "의식이 없어." "정신이 나갔어." "더는 제정신이 아니야."라고 말하는 것은 드문 일이 아니다. 의사와 간호사들도 터무니없어 보이는 환자의 이런 요구나 표현들에 '착란'이니 '환각'이니 하는 딱지를 붙이곤 한다.

가족과 친구, 혹은 전문가들조차 임종환자의 이런 모습에 자주 낭패감과 짜증으로 대응한다. 또 어린아이 돌보듯 환자의 비위를 맞추려 애쓰거나, 약물로 환각증세를 멎게 하는 경우도 많다.

그렇다면 죽어가는 사람은 어떻게 느낄까? 환자가 착란이 아닌 제정신이라면, 주변 사람들의 이런 반응은 당혹감과 좌절감, 그리고 믿었던 사람에 대한 불신감을 불러일으킬 게 뻔하다. 뭔가를 전하려는 그의 시도에 모두가 귀를 닫은 것이기 때문이다.

오랫동안 죽어가는 사람들을 돌보며 그들의 특별한 의사전달 방식을 수없이 목격하면서, 되풀이되는 몇 가지 패턴을 확인할 수 있었다. 이 메시지들은 크게 두 범주로 나뉜다. 하나는 죽어가는 환자가 자신이 보고 느낀 것을 설명하려는 시도이고, 평화로운 죽음을 맞기 위해 필요한 것을 요구하는 경우가 두 번째이다.

사람들은 간혹 죽음으로 건너가면서 저승과 거기서 기다리는 사람들을 보게 된다. 자세히 이야기할 기력이 안 되면서도, 그들은 외경심에 충만한 나머지 저세상의 평화와 아름다움을 이야기한다. 우리 눈엔 보이지 않는 사람들, 예전에 죽었지만 그가 잘 알고 사랑했던 사람과 대화를 나누었다고 하거나, 그들이 가까이 있는 게 느껴진다고 말한다. 또 알려주지 않았는데도 자신이 죽어가는 사실을 알게 되고, 심지어 자신이 언제 죽을지를 일러주기도 한다.

때론 죽어가는 사람의 요구를 이해하지 못해서 들어주지 못할 때도 있다. 그런 경우, 요구가 충족될 때까지 죽음의 시기를 늦추기도 한다. 죽어가는 이의 요구는 흔히 주변 사람과 관련된 것으로, 그를 만나거나 그와의 관계를 회복하고 싶다는 바람을 담고 있다.

죽은 사람, 혹은 영적 존재를 보는 것이 반드시 임박한 죽음의 징후는 아니라 해도, 임종자각에 자주 등장하는 건 사실이다. 죽어가는 사람들은 성인聖人 같은 종교적 인물을 만나 이야기를 나누며, 따뜻하고 평화롭고 사랑 받는 느낌을 갖기도 한다. 환한 빛이나 딴 세상을 보는 사람들도 있고, 영화 필름이 돌아가듯 자기 생애가 다시 펼쳐지는 걸 보면서 삶의 의미를 좀 더 완벽하게 이해하는 사람들도 있다. 그들은 자신이 죽어가고 있음을 실감하지만 두려움을 느끼지는 않는다. 그보다는 오히려 남겨질 사람들에 대한 염려의 마음이 더 많다.

이것은 심폐정지 등 의학적으로 죽었다가 다시 살아난 사람들이 보고하는 임사체험과 유사하다. 연구자들은 그런 사람들이 의식을 회복한 뒤 말해준, 놀랍도록 비슷한 경험들을 수집해왔다. 터널을 지나거나, 밝은 빛을 보거나, 고인이 된 친척이나 친구를 만나거나, 지고의 존재가 나타나거나, 살아온 장면들이 주마등처럼 펼쳐지거나, 평화롭고 고통이 사라지는 느낌을 받거나 하는 것들이다.

임종자각과 임사체험은 이처럼 유사한 면이 있다. 차이점도 있는데, 임종자각이 암이나 에이즈, 폐질환 같은 진행성 질환으로 서서히 죽어가는 사람들에게서 나타나는 현상이라면, 임사체험은 익사나 심장마비, 교통사고 등 갑작스런 사고 때 일어나는 현상이다. 서서히 죽어가는 사람은 갑자기 저세상으로 떠났다가 획 돌아온다기보다, 육신 안에 그대로 머물면서 동시에 그 너머의 차원을 깨닫는다. 이들은 이 세상과 저세상을 옮겨 다닌다기보다 그 두 세상 사이에 걸쳐져 있는 듯 보인다. 또한 자기 생애의 장면들이 섬광처럼 획획 스쳐 지나가는 것을 보기보다는 자기 생애를 평가하고 죽기 전에 마무리 지어야 할 일이 무엇인가를 결정하는 데 더 많은 시간을 갖는다.

사실 죽음에 임박한 사람의 꿈에는 강력한 메시지, 특히나 감정에 관한 메시지가 들어 있을 수 있다. 그는 자신이 겪는 임종자각 체험이 보통의 꿈과는 다르다는 걸 안다. 죽어가는 사람은 "꿈을 꿨어. 그런데 사실 그게 꿈은 아니야⋯⋯"라는 말로 그 경험을 묘사한다.

임사체험자들도 보았거나 느꼈던 것을 말로 쉽게 옮기지 못한다. 생명이 위태로웠던 수술 뒤에 치명적인 합병증으로 임사체험을 겪었던 동료 한 사람도 이와 똑같은 어려움을 겪었다.

그녀는 "난 그걸 충분히 표현할 말을 떠올리지 못하겠어. 그건 정말 강렬한 경험이었어. 글쎄, '무한하다'는 표현이 거기에 가장 가까울까."라고 말했다.

"그 무한한 느낌을 표현하기에 우리 언어가 너무 한계가 있다는 뜻이야?" 이렇게 묻자, 그녀는 "그래, 바로 그거야!"라고 답했다.

이와 유사하게 임종자각에 있는 사람도 그 체험을 묘사할 말이 부족해서 직접적인 묘사보다는 상징적인 언어로 종종 표현하게 된다. 이 때문에 주변 사람들이 그의 메시지를 알아듣기 힘들다. 이들은 잘 알고 있는 표현이나 제스처, 심지어 물건을 유력한 상징물로 끌어올 때가 많다. 그런 경우엔 그가 살아온 삶의 맥락 속에서 분석해야 정확한 메시지에 도달할 수 있다.

하지만 대부분의 사람들은 이들의 메시지를 놓치기 쉽다. 죽어가는 사람에게서 어떤 의미있는 메시지를 기대하는 일이 드문 데다, 슬픔에 젖거나 사랑하는 사람의 병세가 악화되는 것에 당황하다 보면, 무심코 흘려버릴 수 있는 것이다. 사랑하는 사람이 통증이나 구토, 극단적인 체중감소와 싸우는 것을 지켜보는 것도 힘들지만, 그가 '정신착란을 일으키는 것'을 받아들이기는 더 힘든 법이다. 그토록 친숙하던 사람이 갑자기 낯선 타인이 된 것처럼 보일 테니 말이다. 이처럼 임종자각을 '착란'으로 오해하면 죽어가는 사람에게서 뭔가를 깨닫고 도울 수 있는 기회를 놓칠 뿐 아니라, 지켜보는 이들의 고통도 더해진다.

질병에 정통한 전문가들도 죽어가는 사람의 정신적 정서적 변화를 이해하는 데는 그다지 노련하지 못할 수 있다. 그들은 도와주려 하지만 어떻게 할지를 모른다. 이런 상황은 이미 지치고 힘든 가족에게 또 다른 좌절감과 두려움을 안겨준다. 무슨 말을 해야 할지, 어떤 조치를 취해야 할지, 어떻게 행동해야 할지 몰라 허둥대면서 가장 사랑하는 사람과의 이별을 견뎌내야 하는 것이다.

우리는 죽어가는 이의 요구와 바람을 들어주는 것으로, 그 삶과 죽음의 풍경 속에 들어갈 수 있는 특별한 기회를 얻는다. 죽음이 어떤 것이고, 삶을 어떤 감각으로 살아야 하는지 깨달을 수 있기 때문이다. 임종을 앞둔 이들이 기쁨과 평온함 속에서 죽음에 다가

가는 모습을 봄으로써, 죽음의 두려움을 줄이게 될 뿐 아니라 삶의 문제까지 치유되고 평화로워질 것이다.

4.

우리는 어떻게 죽어가는가

죽음의 5단계

사람들은 사랑하는 사람에게 죽음이 임박했다는 통보를 들으면 다양한 반응을 보인다. 충격을 받아 공황상태에 빠진다. 믿지 못하거나 두려움이나 분노, 슬픔에 빠지기도 한다. 또 격렬한 감정들이 뒤섞이면서 끊임없는 감정변화를 겪기도 한다.

이런 감정에서 헤어나지 못한 채, '이 사람은 자기가 곧 죽는다는 걸 모를 텐데 얘기해줘야 하나? 뭐라고 말할까?'를 생각한다. 그들은 "안됐다고 이야기해야 하나, 아니면 모르는 척해야 하나? 일부러라도 밝은 얼굴로 기분을 띄워줘야 하지 않을까? 하지만 이 사람이 죽는 건 끔찍한 일이야. 게다가 난 무심한 사람처럼 보이고 싶지 않아."라며 온갖 생각에 휩싸인다.

이런 난처함에는 이유가 있다. 정답이 없는 문제라는 사실 외에도, 죽음이 삶의 필수 불가결한 요소로서가 아니라, 반갑잖고 겁나는 손님으로 인식되기 때문이다.

예전에는 죽음 또한 삶의 한 부분이었다. 한 지붕 밑에서 몇 세대가 함께 살다보면, 생애의 마지막 몇 달을 누워 지내는 할머니를 엄마 아빠가 돌봐드리고, 자녀들도 곁에서 그 일을 거들었다. 또 할아버지가 뇌일혈로 쓰러지면 의사는 "손써봐야 소용없겠어요. 댁에서 가족들과 함께 계시는 게 더 나을 겁니다."라고 말했다. 사람이 이런 식으로 죽었다. 집에서, 가족들의 보살핌을 받으며, 누구에게나 삶의 한 부분인 죽어가는 과정을 거치며.

하지만 지금은 죽어가는 이와 친밀한 관계를 유지하는 가족이 많지 않다. 이런 조건에서는 이전 세대들과 달리, 삶의 막바지에 이른 사람을 편하게 대하는 법을 배우지 못한다. 질병과 죽음은 가정을 떠나 병원이나 요양원으로 옮겨졌다. 간병은 전문가들이 하고, 가족과 친구들은 상황이 진행되는 걸 지켜보는 구경꾼이 되었다. 그들은 죽음을 거치면서 얻는 경험과 끊임없는 감정의 흐름 속에 있지 못하고, 공식적인 면회라는 거북살스러운 시간들 속에 잠깐씩 머물다 간다. 불편하고 불만족스런 느낌을 안고 그 자리를 떠나는 것이다.

제3자가 되어버린 가족들은 사랑하는 사람이 죽어간다는 사실에서 오는 괴로움을 감당해야 할 뿐 아니라, 뭘 어떻게 해야 할지 모르는 불확실한 상태를 고통스러워해야 한다.

많은 사람들이 주로 TV에서 간접적으로 죽음을 경험하지만, 거기에 나오는 죽음은 현실과 많이 다르다. 현실에서의 죽음은 몇 분이나 몇 시간 만에 끝나는 문제가 아니다. 그건 몇 주나 몇 달, 어떤 경우에는 몇 년씩 걸리는 점진적인 과정이다. 말하자면 죽음은 단거리 경주라기보다 마라톤에 비유할 수 있다. 새로운 환경에서는 누구나 자기 역할에 익숙해지기 전까지 불편하고 미숙하기 마련이다. 죽음을 경험한 적 없는 사람들이 죽어가는 사람 곁에서 편안하고 유능한 느낌을 받길 기대하는 것 자체가 비현실적이다.

여기서 퀴블러 로스Kübler-Ross 박사가 설명했던 죽음의 5단계(부정, 분노, 흥정, 의기소침, 수용)을 고찰해본다. 그는 이런 감정변화에 대해 '단계'라는 이름을 붙였지만 환자들이 반드시 이 과정을 순서대로 거치는 것은 아니다. 이런 감정들이 죽음에만 적용되는 것도 아니다. 이런 감정은 삶의 고비마다, 큰 변화가 있을 때마다 생길 수 있다. 거의 모든 어른들이 겪어온 것이라는 뜻이다. 이런 느낌은 '죽어가는 사람들이 무엇을 해내려고 애쓸까?'라는 관점에서 보면 좀 더 쉽게 이해할 수 있다. 그들은 시한부 판정이 내려진 현실을 받아들이고, 병과 함께 생활에 적응하고, 죽음에 다가설 채비를 하느라 안간힘을 쓴다. 누구에게나 이것은 인생 전체를 통틀어

가장 힘들고 어려운 과제이며, 거기에 수반되는 감정은 가지각색이다. 고통스럽고, 때로는 이해하기 힘들고, 심지어는 사람을 완전히 압도해버린다.

부정 단계

부정은 현실을 받아들이길 거부하는 것이며, 충격으로 인해 생긴다. 불치병이며 치명적이라는 진단을 받으면 사람들은 흔히 "난 그런 말 안 믿어! 틀림없이 오진일 거야! 절대로 그럴 리 없어! 다른 병원을 찾아갈 거야!"라는 식으로 반응한다. 때로는, "이 병에 걸린 사람들 대부분이 죽었다 해도 난 이겨낼 수 있어."라고 생각하기도 한다. 계속해서 다른 병원을 찾는다든가, 진단 결과가 바뀌지 않았나 의심을 한다. 마치 남의 일인 것처럼 심각하지 않게 증상을 이야기하기도 한다. 약 복용을 거부하거나 치료 약속을 '깜박' 잊는 형태를 취할 수도 있다.

진단을 다시 받더라도 일단 진단 결과를 받아들이게 되면 그건 현명한 일보를 내디딘 셈이다. 그러나 재검진을 계속해서 한다면, 그것은 진실을 피하기 위한 방편일 수 있다.

우리는 왜 부정을 하려 들까? 누구나 지나치게 고통스러운 정보를 들으면, 본능적으로 자신을 방어하기 위해, 무자비한 현실에 적응하는 데 필요한 시간을 벌기 위해, 우선은 부정하고 본다. 죽어가는 사람이 자신의 말기 진단을 이해해가는 과정인 것이다. 그의 부정적인 표현을 존중하고, 거기에 맞서지 않는 게 좋다. 죽어가는 사람이 '현실을 직면하게' 만드는 것은 현명하지 못하다. 대부분 병이 심해져 몸이 많이 쇠약해지면 이런 방어 태도도 자연스레 포기되기 마련이다.

부정 반응에 대해 이의를 제기하지도, 부추기지도 말아야 한다. 대신에 그런 반응 뒤에 숨겨진 원망이나 욕구를 알아차려야 한다. 죽어가는 친구가 회복 후 다시 캠핑 갈 일에 대해 이야기 한다면, "그렇게 되면 정말 좋겠다!"라고 말해 주는 게 좋다. 그러면 부정을 부추기지 않으면서도 친구의 희망과 바람은 인정하게 된다.

애밀리아

여든일곱의 애밀리아를 처음 방문했을 때 그녀의 아들은 진입로에서 나를 맞았다.

"어머니한테 호스피스니 암이니 하는 말은 일절 하지 마세요. 어머니는 본인 병에 대해서 아무것도 모르세요. 그런 이야기를 하면 마음만 어지러워지실 겁니다."

나는 애밀리아에게 앞으로 그녀의 상태를 살펴보러 들를 간호사라고 인사했다.

"어서 오세요!" 그녀가 대답했다.

나는 그녀의 병력에 대해 물었다. 그녀는 60년 전의 자녀 출산에서부터 마흔다섯 때 있었던 담낭수술과, 그 10년 뒤에 받은 건막류(엄지발가락 안쪽에 생기는 혹) 절제수술, 갖가지 치과시술에 이르기까지 아주 자세하게 대답했다. 그러나 불과 3년 전에 있었던 유방암 수술로 양쪽 유방을 잃은 것과, 그 이후 지금까지 받고 있는 화학치료, 방사선 치료에 대해서는 한 마디도 언급하지 않았다. 나는 양해를 구한 다음 아래층으로 내려가 아들에게 의사가 현재의 병과 수술, 치료법에 대해 어머니에게 설명했는지 물었다.

"예." 그가 미소를 지으며 대답했다. "여러 번 말씀드렸죠."

애밀리아의 침실로 돌아간 나는 청진기로 가슴부위 진찰을 끝냈다.

"여기는 어떻게 된 거죠?" 유방절제의 상처를 가리키며 내가 묻자, 그녀는 깜짝 놀라며 그곳을 내려다보았다. "오, 하느님!"

애밀리아는 편안하고 행복하게 한 해를 더 살았다. 나는 일주일에 두 번씩 방문했지만 그녀는 내가 누군지 왜 갔는지 전혀 '기억하지' 못했다. 그녀는 매일 〈뉴욕 타임즈〉의 십자낱말 퀴즈를 아주 정확히 맞췄지만 자기 병에 대해서는 한 번도 말하지 않았고 나역시 그랬다.

죽어가는 사람보다 친구나 가족이 오히려 더 오래 부정 반응에 몰입하는 경우도 많다. 감당하기 힘든 소식이어서 그들은 그런 일이 없었던 것처럼 행동한다. 이해가 되는 흔한 현상이다. 그럼에도 이런 반응은 아픈 사람을 힘들게 할 수 있다. 결국 다른 사람들의 부정 반응이 환자의 부담을 가중시켜, 그가 주위 사람들에게서 멀어지고 고립감을 느끼는 일도 드물지 않다.

분노 단계

죽어가는 사람들은 분노를 느낀다. 말기 질환을 앓는 사람에게서 "왜 이런 일이 일어난 거지?"라는 식의 물음을 듣기란 어렵지 않다. 자기를 병들게 놔둔 신이나 치료능력이 없는 의사, 의학연구 대신 무기에 자금을 대는 정부 등, 온갖 것에 분노를 느끼는 사람도 있다. 그런 분노는 아무리 애써 조절하려 해도, 가장 가깝거나 화를 내도 무방한 가족과 친구들에게 표출되기 쉽다. 그런 격렬한 분노에 맞닥뜨렸을 때 아무렇지 않게 받아들이기란 정말 어렵다. 조심스레 반응해봤자 돌아오는 건 백해무익한 입씨름뿐이다. 아무 소용도 없을 뿐 아니라, 화가 나서 "의사들이 쓸 수 있는 방법을 다 썼다는 건 당신도 알잖아요, 병세가 악화되긴 했지만 당신은 그래도 고마워해야 돼요."라는 식으로 퍼붓게 되면 환자의 감정만 더 격하게 할 것이다. 환자는 당신이 '적을 편든다'고 여기게 된다.

그보다는 분노의 원인을 찾는 편이 유익하다. 분노는 단지 겉으로 드러난 표현일 뿐이다. 그 분노 밑에 자리잡고 있는 건 다른 감정이다. 말기 질환을 앓는 사람들이 보여주는 분노의 뿌리는 좌절감이나 원망, 혹은 두려움인 경우가 많다. 좌절감은 자기통제력의 상실과 남에게 의존해야 하는 데서 오는 무력감 때문에 생기고, 원망은 다른 사람들은 여전히 잘 살아가는 것을 목격하는 데서, 두려움은 죽음이 무엇인지 불확실하다는 데서 비롯된다.

죽음을 앞둔 이가 화를 내는 걸 보면, 그 이면에 있는 감정이 무력감이 아닌지 살펴보고 공감하려고 노력해야 한다. "늘 도움을 청해야 하니 힘들 거야."라든가 "이건 너로서는 참 절망스럽겠구나."라는 식으로 말한다. 가능하면 환자가 선택하고 통제할 기회를 갖게 한다. 분노가 아니라 좌절감에 반응해야 한다. 또한 분노는, 죽어가는 이에게는 거부된 책임과 미래를 직장동료나 친구, 가족들이 여전히 누리는 것을 보며 생긴 원망에서 나온 것임을 이해해야 한다.

리즈

간호사인 리즈는 서른둘의 나이에 유방암으로 죽어가고 있었다. 그전 그녀는 고향의 작은 병원에 근무하고 있었다. 고향에서 수백 킬로미터 떨어진 곳에서 치료를 받은 뒤, 그녀는 삶의 마지막 몇 달을 자신이 근무하던 병원에서 보내기 위해 돌아왔다.

이 몇 달은 모두에게 힘든 시간이었다. 리즈는 얼굴이 말할 수 없이 상한 것 외에도 심한 통증을 겪고 있었다. 리즈의 옛 동료들은 그녀가 처한 상황에 슬퍼했지만, 끊임없이 터져 나오는 분노와 불평에 점점 짜증이 나지 않을 수 없었다.

리즈의 행동에는 어떤 패턴이 있었다. 옛 동료들은 일주일에 몇 번씩 그녀를 방문했다. 그들은 리즈의 병실에서 점심을 먹으며, 아프기 전 그녀가 담당했던 병동 및 환자들의 동태와 새로 발견된 병이나 치료법 등에 대해서 이야기했다. 점심시간 동안 리즈는 갈수록 저기압이 되어갔고, 오후 내내 성을 내고 적대적인 태도를 보였다.

어느 날 밤, 야간근무 때 자주 리즈를 담당했던 간호사가 그 문제를 제기했다.

"너 속상한 것 같다. 내가 도와줄 게 없을까?"

"없어. 그냥 기분이 안 좋은 것뿐이야." 리즈가 대꾸했다. "난 늘 기분이 안 좋은 것 같아."

"늘 그렇다고?"

"주로 오후부터 저녁때만 되면 견디기가 힘들어져. 모두가 내 신경을 건드리는 것 같아. 너도 눈치챘을 거야."

"그래. 나도 알아." 간호사가 리즈 침대 옆의 의자에 앉으며 말했다. "난 네가 그런 날이 정해져 있다는 것도 알아차렸지."

"무슨 소리야?" 리즈가 물었다.

"그러니까, 난 오후 세 시에 출근하잖아. 예전 네 동료들이 점심 시간에 들렀다고 하는 날이면 넌 항상 그렇더라."

잠시 생각해보던 리즈가 고개를 끄덕거렸다.

"맞아. 그 애들이 여기 오는 날은 기분이 더 안 좋아. 정말 날 힘들게 해."

간호사는 그 방문이 대개 어떤 식으로 진행되는지 물었다.

"난 환자들 이야기든 잡담이든 뒤지고 싶지 않아. 처음엔 재미 있었어. 다시 일터로 돌아온 것 같은 느낌도 들었고. 하지만 이젠 더 이상 그렇지가 않아."

"지금은 어떤데?"

잠시 조용히 있던 리즈가 말문을 열었다.

"유치하고 터무니없게 들리겠지만, 동료들이 여기 와서 병동에 무슨 일이 있었는지를 이야기하면 미치겠더라고. 잠시 후면 그들은 돌아가서 내가 하고 싶어하는 일을 맡아서 할 텐데, 난 이 빌어먹을 병실에 드러누워 죽어가야 하니까!"

리즈의 분노는 예전 동료들이 자신과 달리 여전히 건강하고 생기 있고 전도양양한 데 대한 원망에서 생긴 것이다. 상황을 지켜보고 있었기에 리즈를 담당하던 간호사는 그녀의 노여움을 유발하던 조건을 바꿀 수 있었다.

분노는 두려움에서 생긴다. 사람은 대부분 어느 정도는 죽음을 두려워한다. 흔히, "죽는 건 두렵지 않아. 오히려 무서운 건 죽기까지의 상황이지."라는 말을 한다. 이런 진술들도 파고들어 보면 결국 죽음에 대한 두려움이다.

또한 사람들은 죽음에 대한 두려움을 이야기하는 것조차 겁을 낸다. 그런 두려움은 흔히 한밤중에 표면으로 떠오른다. 어느 날 저녁 늦게 내가 돌보던 말기 암 환자가 물었다. "죽음이란 게 어떤 거죠?" 그러나 대답하기도 전에 얼른 그녀가 덧붙였다. "아니에요. 말하지 마세요." 내 대답이 자신을 더 두렵게 할까 봐 지레 물러선 것이다. 하지만 그녀의 불안은 죽음을 간단한 말로 구체화하는 것만으로도 훨씬 덜해진다. 그녀가 상상하고 있던 쪽이 실제보다 훨씬 무서운 것이었으니까.

물론, "난 죽을 때 아플까 봐 겁나요. 내가 그런 통증을 감당할 수 있을 것 같지 않거든요."라고 확실하게 말하는 사람도 있다. 또 "난 지금까지 하느님을 믿어왔어요. 신앙이 내 인생에서 제일 중요한 부분이고요. 그런데 지금은 모든 게 의심스러워요. 죽고 나면 하느님이 정말 거기에 계실지 회의가 들어요. 아무것도 없다면 어떻게 되는 거죠?"라고 묻는 경우도 있다.

환자가 자신의 두려움을 말로 표현하지 못하거나, "난 그냥 겁밖에 안 나!"라는 식으로 말한다면, 그가 죽음에 대한 어떤 경험이나 느낌을 겪었는지, 또 이해하는 바가 뭔지를 파악해본다. 경험이 다르면 두려움과 욕구도 달라진다. 단순히 자기 병의 증상을 두려워하는 사람도 있다. 그럴 때는 병의 예상되는 경과를 알려주면 도움이 된다.

일단 두려움의 정체가 무엇인지 알고 나면, 그것에 대해 적당한 사람과 의논해볼 수 있다. "내 몸이 죽는다는 게 어떤 걸까요?" "고통스러운가요?" 같은 질문에는 의사나 간호사가 답할 수 있고, 신앙과 관련된 두려움에는 승려나 목사, 신부가 제격일 테니까.

흥정 단계

죽어가는 상황에서 환자들이 벌이는 흥정을 가장 쉽게 이해하려면 잠자리에 든 아이를 지켜보면 된다. "한 번만 더 안아주세요, 옛날 얘기 하나만 더 해주세요, 물 한 잔만 더 마시고요." 단 몇 분이라도 더 깨어 있으려고 온갖 기발한 구실들을 대는 모습이란!

죽어가는 사람도 그 피할 수 없는 운명을 미뤄보려고 똑같은 행동을 한다. 그들은 신과 흥정을 벌이거나, 신을 믿지 않는 사람이라면 조금이라도 생명을 연장할 능력을 가졌다고 생각되는 사람이면 누구와도 흥정한다.

치료법을 둘러싸고 온갖 흥정을 벌인다. 그들은 속으로, '이 화학요법을 받아보겠어,' 또는 '건강식이요법을 끝까지 고수하겠어.

불평도 안 할 거야. 그러면 하느님이 손자 졸업할 때까지 날 살려주시겠지.'라고 생각한다.

죽어가는 사람이 벌이는 이런 흥정은 다른 사람들이 거의 눈치채지 못하고 넘어가기 때문에, 대개 비밀로 남는다. 죽어가는 사람이 이런 이야기를 꺼내면 주의 깊게 경청하는 게 좋다. 그리고 "그것 참 멋진데요!"라거나 "저희도 힘닿는 데까지 도와드릴게요."라고 말한다.

의기소침 단계

대부분의 사람에게는 계획이 있고 꿈이 있다. 앞으로 생길 아이들, 하고 싶은 여행, 쓰고 싶은 책, 새로 시작할 일 같은 것들 말이다. 죽어야 하는 현실을 인정한다는 것은 이런 가능성을 모두 포기한다는 뜻이다. 그런 것들을 잃는 마당이니 슬플 수밖에 없다.

이런 슬픔과 의기소침은 존중해줘야 한다. 제쳐두거나 얼버무려서는 안 된다. 죽어가는 사람에게 "좋은 쪽으로 생각해." "지금까지 잘 살아왔잖아." "우리 모두 언젠가는 죽게 돼." 같은 말들은 그들의 심적 고통을 가볍게 취급하는 듯이 보일 수 있다. 그러니 이런 감정을 토로할 때는 그냥 열심히 들어주는 것이 우리가 할 수 있는 전부다. 이해하려는 노력이 필요할 뿐, 대답은 거의 필요하지 않다.

수용 단계

수용은, 대개 죽음이 아주 임박할 때까지는 잘 안착되지 않는 평온한 체념이다. 환자들은 자신의 죽음을 수용했다가도 중간중간 또 다른 감정 상태로 빠져드는 경우가 많다. 그러다 결국 죽음이 코앞에 닥치면 그때서야 지속적인 수용 상태가 된다. 이렇게 되면 그 사람에게는 중요한 한두 사람이 같이 있어주는 것 외에 더 이상 필요한 것이 없다.

그런데 그때 환자 곁에 있는 사람은 매우 복잡 미묘한 감정을 느낄 수 있다. 환자가 죽음을 조용히 수용하면서 얻는 평화가 분명 위안이기도 하지만, 이 수용이 거리감을 느끼게 할 수도 있다. 아무리 친밀했던 사이라도 서로 갈 길이 다른 데서 오는, 소원함 말이다. 이것이 남겨진 사람에게는 고통이 되기도 한다.

맥스

맥스는 1년 전에 은퇴했을 때, 아내 폴라와 전국일주 계획을 세웠다. 그런데 여행을 떠나기 직전, 맥스는 암 진단을 받았다. 결국 그는 대륙횡단 여행이 아니라 18개월 간의 치료와 약, 입원, 쇠약해지는 몸, 늘어가는 불쾌한 시간들로 은퇴생활을 시작했다. 맥스는 인생이 왜 이렇게 불공평하냐며 분통을 터뜨렸고, 맹세코 건강을 되찾겠노라고 기를 썼다.

그는 몇 번이나 폴라에게 말했다. "난 아프고 싶지 않아. 난 그랜드캐니언을 구경하고 싶단 말이오! 죽고 싶지도 않아! 당신을 떠나고 싶지 않다고! 우리가 계획했던 대로 즐겁게 살고 싶어!"

그러나 맥스는 결국 여행을 떠나지 못했고, 생애의 마지막 날들을 침대에 누워 지내야 했다. 그는 이제 거의 말을 하지 않았고, 폴라가 등을 쓸어주거나 약을 갖다 주거나 아이스크림을 한 입 떠먹여줄 때 다정히 웃음 짓는 게 반응의 전부였다. 그는 완전히 편안해지고 안정된 듯 보였다. 그에 반해 폴라는 그렇지 않았다.

"저 사람이 괴로워하지도 않고, 아파하지도 않고, 더 이상 다투려 들지도 않는 건 물론 기뻐해야 할 일이겠죠. 하지만 난 하나도 기쁘지 않아요! 난 저 사람이 이렇게 있는 걸 원치 않아요. 너무 끔찍하다고요! 이런 말을 하는 게 이기적이긴 하지만, 저 사람은 날 떠나는 게 행복한 것 같단 말이에요! 자기만 저렇게 행복하게 가다니, 난 도저히 참을 수가 없어요!"

맥스는 모든 걸 다 놓아버리고 있었다. 계획했던 여행도, 나으리라는 희망도, 심지어 아내에게서 떠나야 하는 회한까지도. 그는 이미 모든 슬픔을 겪어냈기에 다 버릴 수 있었고, 언제라도 죽을 준비가 되어 있었다. 그러나 폴라에게는 이것이 거부로, 맥스가 자신을 떼어내는 것으로 느껴졌다. 그것은 그녀에게 당혹스런 일이었다.

이런 반응을 보이는 것이 드문 일은 아니다. 많은 사람들이 죽어가는 환자의 필요를 채워주고 고통을 덜어주는 것에만 집중해야 한다고 생각한다. 하지만 지켜보는 사람의 상실감도 무시할 수 없다. 폴라는 맥스가 싸움을 그만두고 평화로운 죽음을 맞길 바랐지만, 그가 자신을 떠나는 것은 원치 않았다. 그건 가슴 아픈 일이었다. 폴라를 돕는 가장 효과적인 방법은 그녀가 실컷 울게 내버려 두는 것이다. 아무 판단도 하지 말고 그녀의 슬픔에 귀 기울이고, 그 고통에 공감해주는 것이다.

죽어가는 사람만이 아니라 가족과 친구들도 분노에서 부정과 수용과 흥정, 의기소침이라는 죽음의 단계들 사이를 오락가락한다. 몇 번이고 되풀이해서, 정해진 순서도 없이, 동시 다발적으로.

줄리아

줄리아가 이미 온몸에 퍼진 폐암으로 6주간의 방사선 치료를 끝냈을 때, 가족들은 그녀가 별로 나아지지 않았다는 걸 확인할 수 있었다. 사실 병세는 더 악화되는 듯이 보였다. 그녀와 남편은 담당의사에게서 모두가 두려워하던 사실, 아마 석 달 정도밖에 살지 못할 거라는 통보를 받았다. 그들은 근처에 사는 장성한 두 딸과 웨스트코스트에 사는 아들 존에게도 이 사실을 알렸다.

다음날 오후 내가 도착했을 때, 전직 간호사로 어머니 간병을 주로 맡고 있던 큰딸 제인은 주방에서 눈물을 흘리고 있었다.

"이런 일은 감당하기가 정말 힘들어요. 어젯밤에는 엄마가 그러시는 거예요. 의사가 뭘 알겠냐며 밥만 다시 먹으면 좋아질 거라고요. 그게 아빠 속을 뒤집어놓았죠. 아빠는 엄마한테 마구 고함을 치시고는 집을 나가셨어요. 몇 시간 지나 돌아오셨는데, 술을 드셨더라고요. 오늘 아침에는 동생 샐리가 장의사에 연락하는 문제로 전화했는데, 그 애는 왜 내가 계속 울고 있는지 이해할 수 없겠죠. 남동생 존은 새로운 화학요법에 대해 알려주려고 캘리포니아에서 전화했어요. 그 애는 담당의사가 그 치료법을 아는지 묻더군요. 우리 식구들이 모두 미쳐가고 있는 건가요, 아니면 나만 그런가요?"

나는 그녀의 슬픔과 아픔에 대해 이야기하는 것으로 대화를 시작했다. 어머니의 예후는 놀랄 게 없었다. 제인도 병원에서 많은 암 환자들을 간호해보았다.

"엄마 건강이 악화되는 건 알고 있었죠. 그래서 마음의 준비를 해야지 하고 생각은 했어요. 그래도 이렇게 힘들 줄은 몰랐어요."

이건 무척 흔한 경우다. 의료인들은 어떤 일이 벌어질지 알고 있으니 덜 힘들 거라고 생각하지만, 막상 자기 가족에게 일이 닥치면 안다는 건 이해를 도울 뿐이지, 고통을 덜어줄 수는 없다는 걸 알게 된다.

제인은 몹시 슬퍼하고 의기소침해 있지만, 적어도 자신은 현실적으로 대처하고 있다고 말했다. 그녀의 화제는 다른 식구들의 반응으로 넘어갔다.

"엄마의 반응은 부정 단계예요. 그리 오래가지 않겠지만요. 자신이 악화되고 있다는 걸 어느 정도는 인정해요. 지난주에는 이런 식으로 더는 살고 싶지 않다는 말씀까지 하시더군요. 아빠도 물론 절망스러워하시죠. 늘 화난 말투와 폭음으로 당신 감정을 숨기고 계시지만요."

여기까지 말하고 그녀는 소리내어 웃었다. 제인이 조리대 위에 수북이 쌓인 젖은 화장지 더미를 가리켰다.

"보세요. 젊은 세대라고 그리 양호한 편도 아니죠? 존은 정말 듣도 보도 못한 치료법을 자꾸만 들이댄 답니다. 자기가 무슨 만병통치약이라도 찾아낼 수 있을 줄 아나 봐요. 그리고 샐리는요, 당분간은 침착하게 감정을 조절하면서 상황을 받아들이겠지만 조금이라도 상황이 달라지면 엉망이 되고 말걸요."

며칠 뒤 다시 제인을 만났을 때, 그녀는 새로운 이야기를 했다.

"우리 모두 달라졌어요. 나는 아빠한테 술만 드신다고 자꾸 고함을 지르게 돼요. 부모님은 장례식에 관해서 오랫동안 말씀을 나누셨는데, 엄마가 신부님께 전화를 걸어달라고 하셨대요. 휠러 신부님이 찾아오셔서 의식을 치른 그날 저녁, 아빠는 내내 우셨어요. 지금 엄마는 손자들에게 뭘 물려줄지 목록을 만들고, 당신이 아끼던 것들에 이름표를 붙이고 있어요. 가족들 중에 누가 뭘 가져야 할지 알 수 있게요. 샐리는 새 약이 효과가 있을지 알아보겠다며 의사에게 전화를 해대고, 존은 엄마가 돌아가시기 전에 얼굴 한 번 못 보면 어쩌나 하고 지난 며칠간 잠을 못 잤다고 하더군요. 그 애는 이번 주말 집에 올 거예요."

간단히 순서대로 말하면, 제인은 의기소침에서 분노로, 엄마는 부정에서 수용으로, 아빠는 분노에서 의기소침으로, 샐리는 수용에서 흥정으로, 그리고 존은 흥정에서 의기소침으로 갔다가 다시 수용으로 넘어간 셈이다. 그러나 제인이 말해줬거나 관찰한 감정일 뿐이다. 누군가가 죽어가고 있을 때 가족 정서에 무슨 일이 일어나는지를 극단적으로 단순화시킨 예인 것이다. 아마도 실제로는 제인 가족 모두가 그 여러 단계들을 다 겪었을 것이고, 여러 감정들을 동시에 겪기도 했을 것이다. 이처럼 죽음으로 다가가는 사람 주변의 모두가 나름의 감정들을 겪으며 각자의 체험 과정과 행동 양태를 밟는다.

나라면 이런 감정들에 어떻게 대응할까? 환자는 부정하고, 배우자는 화내고, 딸은 의기소침해 있고, 아들은 흥정을 하려들고, 가장 친한 친구는 수용하고 있다면? 맨 처음 처신은, 가장 힘들지 모르지만, 가만히 있는 것이다. 그 사람들이 부정과 분노, 의기소침을 거쳐 죽음을 받아들이도록 돕겠다고 섣불리 나서지 않는다. 받아들이는 것이 다른 상태보다 편할 수는 있다, 특히 제3자에게는. 하지만 죽음에 대한 태도에서 옳고 그르거나, 대처를 잘하고 못하는 일 따위는 없다. 그 모두가 그 과정에서 나올 수 있는, 정상적이고 있을 수 있는 반응들이다.

조급하게 충고하려 들거나 해결책을 찾겠다고 나서기보다 그냥 마음을 열고 들어준다. 묵묵히 지켜본다. 이건 힘든 일이지만, 진심으로 귀 기울여 듣는다면 그 솔직한 고통스러움이 들릴 것이다. 그 고통을 실제로 느끼기까지 할 것이다. 그래서 지켜보는 사람의 아픔을 누그러뜨리기 위해서라도 분노를 풀어주고 싶을 것이다. 그 아픔과 슬픔에서 벗어날 뭔가를 말해주고 싶을 것이다. 그러나 안타깝게도 실제로는 그럴 방도가 전혀 없다. 그래봤자 소용도 없다.

대부분의 사람들은 평소 위기처리 방식이 어느 정도는 반영되는 형태로 죽음을 맞거나, 다른 사람의 죽음을 대한다. 마지막 숨을 쉬는 그 순간까지도 조용한 사람들은 조용하게, 성질을 잘 내고 지배적인 사람들은 여전히 성내고 군림하려 들면서, 늘 배려하던 사람들은 또 그런 식으로 죽음에 다가서는 것이다.

친구의 죽음에 적절하게 대응하는 법

죽음에 멀찍이 선 사람으로서 얼마나 깊이 관여할 것인가. 죽어가는 사람이 친구라면 얼마나 관여할지 생각해볼 필요가 있다. 친구의 죽음을 외면하겠다거나 병문안조차 가지 않겠다고 마음먹었을 경우는 그 상황을 인정부터 하는 게 도움이 된다. 꽃이나 카드, "늘 네 생각을 해."라고 적은 간단한 메모라도 보내면, 그것만으로도 그 상황을 시인하는 첫 단계를 거친 것이다. 죽어가는 친구를 찾아갈 생각 자체를 회피하거나 생각만 하고 미루기만 한다면, 죽은 이후에 죄의식을 느낄 수 있다. 아마도 "난 그녀를 저버렸어. 전화를 했어야 했는데. 좀 더 자주 연락하지 못했던 게 후회스러워." 라고 생각하게 될 것이다.

죽어가는 사람은 외로워한다. 찾아오는 사람이 없어서가 아니라 그들이 보이는 태도 때문이다. 방문객들은 속마음을 감추고 날씨나 스포츠, 정치에 대한 한담으로 시간을 보낸다. 의식적이든 무의식적이든, 일부러 그럴 작정으로 하는 잡담이기에, 죽어가는 사람으로서는 흉금을 털어놓고 이야기할 수가 없게 된다. 그렇게 되면 죽어가는 이의 세계는 가족 몇 명과 자기 병의 경과로 좁혀진다. 그가 자기에게 벌어지는 상황에 관해서 이야기할 기회를 갖지 못하면, 설사 자기를 사랑하고 염려해주는 사람들에 둘러싸여 있다 해도 외로울 수밖에 없다. 소외되고 버림받았다고 느낄 것이고, 그런 다음에는 화를 내고 원망하게 된다. 이것이 어떻게 도와야 할지, 무슨 말을 해야 할지 미리 생각해봐야 하는 중요한 이유다.

환자의 잡다한 일상을 실제로 도와주고 싶다면 막연하게가 아니라 구체적으로 제안한다. "내가 도울 일 있으면 전화해."라거나 "내가 도울 수 있을지 알려줘."라고 말하지 않는다. 죽어가는 사람은 다른 사람들에게 요청할 일의 목록을 만들 만큼 안정돼 있지도 않거니와, 뭐가 필요한지도 모르고, 단순히 인사치레로 그러는 거라고 생각할 수도 있다. 정말 도움을 주고 싶다면 구체적으로 제안한다.

"너 음악 좋아하잖아, 내일 CD 몇 장 갖다줄까?"하는 식으로. 마트에 쇼핑을 가자고 하거나 집안청소를 해주겠다는 제안도 괜찮다. 다만, 언제나 환자에게 마지막 순간에도 취소할 수 있는 선택권을 주어야 한다. "원하는 게 아니면, 내가 할 수 있는 다른 일을 얘기해줘."라고 덧붙여서 환자가 부탁하기 편하게 해준다.

직접 간병을 하는 입장이라면 외부로부터 기꺼이 도움을 받는 게 좋다. 다른 사람들의 도움과 참여가 부담을 덜어줄 것이다. 또 누군가가 막연하게 돕겠다고 제안해오면 언제든, "고마워, 네가 해줬으면 하는 일이 있는데……"라고 말할 준비를 해둔다. 친구들은 뭔가를 해주고 싶어하지만 뭘 해야 좋을지 모르기 때문이다. 그들은 구체적으로 어떤 일을 제시해주면 오히려 좋아할 것이다. 힘든 시간을 지날 때는 서로 효율적인 도움이 보태져야 한다.

임박한 죽음의 증상들

임종시간을 예측하기란 힘든 일이지만, 대개 몇 시간 혹은 며칠 이내에 죽음을 맞을 것 같은 조짐들은 있다.

그 중 한 가지가 삼킴 장애다. 일정 시기가 지난 후, 환자가 음식물에 거의 식욕을 보이지 않으면 이별 시간이 다가온 것이기 쉽다. 그로 인해 생기는 탈수증은 그다지 골치 아픈 문제가 아니다. 오히려 구토나 통증, 호흡곤란 같은 괴로운 증상의 발생 빈도를 줄여주는 것이 그를 더 편하게 해줄 수 있다. 환자가 삼킬 것이라 여기고 유동식을 조금씩 떠넣어주는 일은 하지 않는 게 좋다. 만일 환자가 삼키지 못하면 그대로 폐로 흘러들고 만다. 삼킴 장애시에는 젖은 스펀지로 입을 깨끗이 닦아주고 입술에 크림을 약간 발라서 촉촉하게 해주는 것만으로 충분하다. 이런 고비에 이르면 먹는 약도 중단하고 입을 통하지 않는 다른 투약방식을 써야 한다.

때로는 입이나 목, 폐에 가래가 고여 숨 쉴 때마다 가르릉거리는 소리가 날 수도 있다. 그렇다고 환자가 반드시 호흡곤란을 겪는 건 아니다. 환자를 옆으로 돌려누이면 가르릉 소리가 줄어드는 경우도 많다. 호흡곤란을 겪으면 산소호흡기를 쓰거나 가래를 말려주거나 기도를 열어주는 약을 사용할 수 있다.

죽음이 가까워지면 호흡도 바뀔 수 있다. 한동안 빨라지다가 다시 느려지고 심지어는 몇 초씩 숨을 멈추는 등 호흡이 불규칙해진다. 거친 호흡과 희미한 호흡이 교대로 나타나기도 한다.

손발이 차지면서 시퍼런 반점이 생기거나, 때로는 입술과 손발톱까지 퍼래지면서 도리어 체온이 올라가기도 한다. 하지만 체온이 오르거나 몸이 차진다고 해서 큰 문제가 되는 건 아니다. 그때는 별다른 치료는 필요하지 않다. 땀을 비오듯 흘린다면 마른 수건으로 자주 닦아주어 피부가 짓무르지 않게 한다.

통상 대소변을 보는 횟수도 줄어들고 소변 색깔도 짙어진다. 더 쇠약해지면 대소변을 실금하기도 한다.

자신의 의지와 관계없이 근육이 움직인다면, 이건 수면 중에 일으키는 근육경련과는 다른 것이다. 죽음에 이르는 사람이 이런 증상으로 매우 힘들어하는 일은 별로 없지만, 설사 그렇다 해도 약으로 증상을 완화시키면 된다.

갈수록 쇠약해지고 잠자는 시간이 늘어나면서 다른 사람과의 의사소통도 미묘해지기 마련이다. 죽음에 가까울수록 자기에게 중요한 한두 사람이 옆에 있어주길 바란다. 그러면서도 정작 사람들에게 관심의 기미를 보이지 않는다. 사람이나 사물을 보기는 하되 알아보지는 못하는 것처럼 보인다. 때로는 눈을 반쯤 뜬 채로 멍하니 있어, 깨어 있는지 잠들어 있는지 분간이 안 될 때도 있다. 그러나 말을 할 수 없을 정도로 쇠약하거나 의식이 없다 해도 들을 수는 있다. 오감 중에서 가장 마지막까지 남는 것이 청각이다.

이런 변화들은 죽기 전 몇 시간 이내에 일어나기도 하지만 이틀이나 사흘 전, 때로는 그보다 훨씬 전에 일어나기도 한다. 한두 가지 징후는 몇 주나 몇 달 전부터 나타날 수도 있다.

어떤 불편한 증상이라도 대처만 잘하면 죽음은 평화로울 수 있다. 가장 명백한 사망 징후는 호흡이 멈추는 것이다. 호흡이 극도로 희미해지거나 느려졌다 빨라졌다를 반복하면 호흡이 멈춘 것인지 아닌지 판단하기가 어렵다.

때로는 마지막 숨을 한숨처럼 내쉬기도 한다. 죽어가는 이가 의식이 있을 때는 가벼운 작별의 미소나 표정으로, 혹은 눈이 초점을 잃으면서 감기는 것으로 죽음을 판단할 수 있다.

임종자각을 경험하며 죽어가는 사람들은 몸은 망가졌어도 평화와 위안을 찾아내어 삶의 시간에서 얻은 마음의 고통을 치유할 수 있다. 가족들도 임종자각을 이해하고 그 시간을 동참함으로써 사랑하는 사람의 마지막 순간을 그 어떤 삶의 시간에서보다 가치 있게 나눌 수 있게 된다.

제2부

세상 떠나는 날의 풍경

5.

"오늘밤 조수潮水가 어떻게 되죠?"

떠날 준비를 하다

일반적인 믿음과 달리, 죽어가는 사람들은 자기가 죽어가고 있음을 본능적으로 알게 된다. 이들은 흔히 여행이나 탑승을 뜻하는 상징어를 사용하여 이 사실을 알리고자 한다. 떠나야 한다는 걸 묘사하기 위해 자주 사용되는 비유가 바로 '여행'이다.

많은 사람들이 자신의 임박한 죽음에 대한 이런 자각을 두려움 없이 담담하게 받아들이지만, 죽는다는 게 과연 어떤 것인지에 대한 궁금함은 있다. 때로는 초조해하거나 불안감을 느끼기도 하는데, 그것은 가족이나 친구들이 현실을 받아들이지 못하거나, 마지막 이별을 맞을 마음의 준비가 안 되어 있음을 우려하기 때문이다.

딕

쉰다섯 살에 우체부 일을 그만둔 딕은 조용하고 다정다감한 남자이다. 그와 아내 루스는 이리저리 개조하여 침실이 셋이 된 집에서 네 명의 자녀를 길러냈다. 손재주가 많은 딕은 손수 집을 개조했고 수리도 도맡아 했다. 그들은 가난하진 않았지만 그렇다고 부자도 아니었다. 세월이 가면서 살림이 나아져, 위의 세 아이들은 대학을 졸업한 후 괜찮은 직장을 가졌고, 막내는 졸업을 앞두게 되었다. 덕분에 딕과 루스는 조금씩 저축도 할 수 있었다.

그들의 꿈 가운데 하나는 요트를 사는 것이었다. 신중하게 계획을 세운 그들은 6미터 소형 배를 사서 '우리 산책'이라는 이름도 지었다. 딕과 루스는 주말마다 해안가에 정박한 작은 돛단배에서 준비해간 저녁을 먹고 토요일 밤을 배에서 보냈다. 기상이 나쁜 날은 배를 요트 창고에 넣어둔 채 목조부분에 니스를 칠하고 크롬도금 부분은 윤을 내느라 바빴다. 하늘이 개고 바다가 잔잔해지면 배를 타고 떠날 이야기를 나누면서.

그렇게 좋은 세월은 딱 2년이었다. 쉰일곱이 되었을 때 딕은 췌장암 진단을 받았다. 암은 간과 양쪽 폐까지 퍼져 있었다. 그와 루스는 말기라고 해도 치료를 받으면 시간을 좀 벌 수 있지 않을까 기대했다. 하지만 치료는 별 도움이 되지도, 시간을 벌어주지도 못했다. 화학요법은 부작용을 초래했을 뿐, 암세포의 성장을 억제시키지 못했다. 결국 적극적인 치료는 중단되었고 이후 딕은 급속히 악화되었다. 그는 호스피스 프로그램에 위탁되어 입원하게 되었다.

루스는 매일 병실에 왔지만 잠은 집에서 잤기 때문에 밤에는 자리를 비웠다. 어느 날 밤, 자정 직후 내가 딕에게 들러 필요한 것이 있는지 물었다.

"저, 오늘밤 조수가 어떻지요?" 딕의 뜬금없는 질문에 나는 깜짝 놀랐다.

"모르겠는데, 알아봐 드릴까요?"

딕은 살짝 웃으며, "아, 아니에요. 사실 그건 별로 중요하지 않아요. 어쨌든 선생님이 다시 올 때면 난 여기 있지 않을 테니까요."라고 말했다.

나는 무슨 말이냐고 물었지만, 그는 미소를 지으며 허공을 바라볼 뿐이었다. 나는 다시 한번 뭘 말하려고 했는지, 뭔가 변화가 있을 것 같은지를 물었다. 하지만 돌아오는 건 여전히 온화한 미소뿐이었다. 죽음이 가까워졌음을 나타내는 어떤 징후가 발견된 건 아니었지만, 그래도 그의 말에 중요한 메시지가 있는 게 아닐까 하는 생각이 들었다. 나는 루스에게 전화를 걸어 딕의 말을 전하면서 내 해석을 곁들였다. 딕이 자신에게 변화가 일어나고 있음을 알리는 것 같다고, 곧 떠날지도 모르겠다고. 루스는 아들 스코트와 호스피스 병동으로 오겠다고 대답했다. 나는 딕의 곁에 앉아 조수가 어떤지는 모르겠지만 루스와 스코트는 한 시간 안에 도착할 것이라고 말해주었다. 그의 얼굴에 다시 한 번 미소가 떠올랐다.

나는 그들이 도착할 때까지 딕의 곁을 지켰다. 그 사이에도 그는 한마디씩 묻는 내 말에 고개를 끄덕이거나 미소를 지었지만, 말은 거의 하지 않았다. 그의 아내와 아들이 병실에 들어섰을 때, 그는 그들을 향해 미소를 지어 보이더니 금세 잠이 들었다.

침대 옆에는 루스가, 옆방에서는 스코트가 함께 했던 그날 밤, 그는 새벽 다섯 시가 되기 직전 숨을 거뒀다.

장의사가 도착하기를 기다리는 동안, 루스와 스코트는 딕의 임종을 지킬 수 있어서 얼마나 다행인지 모르겠다고 말했다. 나는 딕이 전한 짤막한 메시지에 모든 공을 돌렸다. 루스는 그 메시지에 대해 이렇게 말했다. "그건 참 그이다운 말이었어요! 조수에 대해 알고 싶어한 것, 죽음을 우리에게 알려주고 싶어한 것, 우리가 자기와 같이 있어주기를 바란 것, 모두가 그이다운 발상이죠."

나름의 이유로 이런 메시지들을 이해하고 그에 응하지 못하는 가족들도 있다. 임종자각에 대한 이해가 없는 게 가장 큰 이유겠지만, 사랑하는 사람의 죽음 앞에서 평정심을 유지하는 게 어려운 일이기 때문이다. 이런 상황에서는 환자의 메시지를 읽어줄 책임이, 간호사나 목사, 아니면 친구처럼 차분하게 상황을 볼 수 있는 다른 누군가에게 주어질 수 있다.

조지

60대 중반의 조지는 매력 있고 조리 있고 계획성 있는 사람이다. 그건 군대에서 보낸 적지 않은 세월 덕분이다. 중령으로 제대한 그는, 상담역으로 제2의 인생을 살고 있었다.

첫 번째 부인은 그의 나이 마흔넷에 죽었고, 그들 사이에는 자식이 없었다. 그 후 예순둘에 지금의 아내 조앤과 재혼했는데, 당시 그녀는 두 차례나 남편과 사별한 아픔을 안고 있었다. 조지가 결장암 진단을 받은 건, 재혼 후 18개월이 되었을 때였다. 그는 곧 수술을 받았고 회복상태도 좋은 편이었지만, 암은 간에서 다시 재발했다. 그리고 이번에는 불치였다. 그 후 여섯 달 동안 그의 상태는 줄곧 악화되었다. 얼마나 쇠약해졌던지 그가 그토록 좋아하던 신문 읽기도 포기해야 했다. 큰 제목 한두 줄만 읽어도 기력이 떨어져 신문을 들 힘조차 없었다.

다행히 전직 군인이던 자원봉사자가 조지를 방문해 신문을 읽어주거나 하는 덕분에 조앤은 한숨을 돌릴 수 있었다. 그가 오면 조앤은 딸과 함께 쇼핑을 가거나 손주들과 함께 시간을 보낼 수 있었다.

한데 어느 날 그녀가 울먹이며 말했다.

"글쎄, 저이가 이제 제정신이 아닌가 봐요. 도무지 말도 안 되는 소리만 해대네요."

나는 왜 그렇게 생각하냐고 물었다.

"저 사람이 자기 신분증이랑 여권, 차표를 갖다 달라고 나한테 자꾸 재촉하잖아요."

조앤이 걱정스런 낯빛으로 말했다. 나는 여행과 관련된 말은 자신의 임박한 죽음을 표현할 때 흔히 쓰는 것이라 설명하고, 조지가 그렇다는 생각은 들지 않냐고 물었다.

"아니, 그렇지 않아요. 저 사람은 그냥 정신이 오락가락하는 거예요. 예전에 자주 했던 온갖 여행들을 떠올리고 있는 거고요."

나는 조지가 과거 여행을 회상하고 있다는 데 일단 동의했지만, 한편으로는 그가 죽음이라는 다른 여행을 준비하면서 그에 대해 얘기하고 싶은 것일 수도 있다고 운을 뗐다. 하지만 조앤은 말도 안 되는 소리라며 전혀 받아들이지 않았다. 심지어 나와 함께 조지 방에 들어가려고도 하지 않았다.

나는 조앤의 마음이 녹초가 되었다는 걸 알아챘다. 그녀에게는 과거 조지와 유사한 병을 앓다가 떠나보낸 두 명의 남편이 있었다. 그녀는 지금 남편이 단순히 정신이 혼미하다고 믿는 것으로, 자신의 도피처를 찾고 있었다. 그럼으로써 그녀에게 다가오는 또 한 번의 고통스러운 경험과 거리를 두고 싶었던 것이다.

내가 조지 방에 들어갔을 때, 그는 근심스러워 보였지만 언제나처럼 나를 반겼다.

"오늘은 좀 어떠세요?"

"글쎄요. 먹지를 못해서 자꾸 약해지는 것 같아요. 그래도 휠체어를 타고 정원 산책을 할 정도니, 통증이 심한 편은 아니지요. 그런데 여권을 찾을 수가 없네, 혹시 내 차표가 어디 있는지 아시오?"

"어디 여행 계획을 세우고 계신가 봐요."

내가 말하자, 조지가 고개를 끄덕였다.

"여행 가시게요?"

조지가 다시 고개를 끄덕였다.

"신분증도 없소."

"그건 좀 다른 여행인가요? 혹시 이 세상을 떠나는 걸 말씀하시는 건가요?"

조지는 이 말에 안도하는 반응을 보였다. 그는 고개를 끄덕이며 꼭 무슨 말을 할 것처럼 입을 벌렸다가 어깨만 움찔하고 말았다.

"그 여행이라면, 여권이나 차표 같은 건 필요 없어요. 할아버지는 뭐가 필요한지, 죽는 게 어떤 건지 듣고 싶으신 거죠?"

이번에는 좀 더 세게 고개를 끄덕였다. 그러고는 미소를 지으며 "그렇소, 난 이제 준비해야 하니까."라고 말했다.

나는 그의 곁에 앉아 그가 겪을 일들에 대해 설명하기 시작했다. 이것이 그가 알고 싶어하는 것인지 확인하기 위해 가끔씩 쉬어가며, 되도록 죽음이 어떤 식으로 다가올지를 간단하게 설명해 주었다.

"아프진 않겠소? 괴롭진 않겠소?" 그가 물었다.

나는, 그렇지 않을 것이다, 환한 빛과 따뜻함과 평온함 속으로 들어갈 것이다, 전혀 고통스럽거나 두려운 일이 아니다, 라고 답했다. 이런 내 말에 조지의 불안이 가라앉는 듯 보였다. 나는 내친 김에 이 여행을 준비하는 데 필요하다고 생각되는 것이 있냐고 물어보았다.

"조앤은 여권과 차표에 대해 잘 모른다오." 그가 말했다.

"할아버지가 돌아가시리란 걸 할머니가 이해하셨는지 알고 싶으신 거죠?"

조지는 동의의 표시로 고개를 끄덕였다.

"제 생각에는 할머니도 알고 계신 것 같아요. 하지만 할아버지께서 원하신다면 제가 다시 설명해 드릴게요."

그가 미소를 지었다. 그러고는 곧바로 자신의 식욕 변화에 대해 의논하기 시작했다. 그는 열흘을 더 살았다. 이따금 여권이나 신분증에 대해서 물었지만, 걱정하지는 않았다. 그냥 모든 것이 제대로 되고 있는지, 마지막 여행이 최대한 순조롭게 준비되고 있는지, 그가 떠나는 것에 대해 조앤의 마음이 준비되어 있는지를 확인하기 위해서인 듯했다.

조앤은 내 이야기를 고맙게 여겼지만, 자신이 직접 조지와 죽음에 대해 이야기를 나누려 하지 않았다. 하지만 내가 조지와 이야기를 하는 것으로 그녀는 마음을 놓았다. 조앤은 조지의 간병을 돕는 것으로 그에 대한 사랑을 보여주었다.

조앤처럼, 죽어가는 사람의 상징어를 이해하지 못하거나 그것에 반응하지 못하도록 막는 심리기저를 가진 가족들이 있다. 그런 경우에는 다른 사람들이 개입할 필요가 있다. 조앤에게는 공감과 도움이, 조지에게는 정보가 필요했다.

죽어가는 사람에게, "제 생각에 당신은 곧 죽을 것 같은데, 그렇게 되면 아마 이럴 것입니다."라고 말하는 게 고약하게 들릴 수도 있겠다. 하지만 죽음을 맞는 사람 대부분은 자기가 죽을 걸 알고 있다. 이런 솔직함이 그들을 괴롭히지는 않는다. 오히려 그것을 반긴다. 그들이 걱정하는 건 대체로 죽음이나 죽음 뒤에 닥칠 일이 아니라, 죽기 전에 벌어질 상황이다. 그들은 곧잘 자신이 죽는다는 사실을 확인하고, 죽는 게 어떤 건지 알고 싶어한다. 아무것도 모르는 것보다는 아는 편이 두려움을 덜어주기 때문이다. 마찬가지로, 자신의 죽음이 임박했음을 가족들이 알고 그에 대비하고 있음을 확인하는 것 역시 죽어가는 이들을 안도케 한다.

폴

엘리즈는 자신의 남편을 '천재'라고 불렀는데, 여러 가지 면에서 볼 때 그건 과장이 아니었다. 성공했고 존경받는 항공기술자였던 폴은 젊은 나이에 NASA에서 일하며 각종 우주선 제작에 참여했다.

"폴에게는 진행 중인 프로젝트가 언제나 한 다스씩 있었어요. 저이는 뭐든지 고치고 만들 수 있었으니까요. 정말 활동적인 사람이에요." 엘리즈가 말했다.

그는 전립선암으로 심한 체중감소가 일어나 저혈압이 심해진 터라 일어서려고 할 때마다 혈압이 떨어져 기절하는 일이 잦았다. 어쩔 수 없이 그는 대부분의 시간을 침대에서 보내거나 의자에 기댄 채 지내야 했다. 온갖 약을 다 써봤지만 몸은 좋아지지 않았다.

"이건 도무지 저 사람 스타일이 아니에요. 이런 상태를 오래 참지 못할 거예요." 엘리즈가 말했다.

폴이 '착란'의 초기 징후를 보였을 때, 나는 엘리즈와 열두 살, 열여섯 살 난 딸들에게 임종자각이란 개념을 설명했다. 나는 그들에게 폴이 말하는 것이면 뭐든 유심히 들어두라고 했다.

"우리가 잘 해내야 할 텐데. 애 아빠는 머리가 너무 좋아서, 난 도대체 무슨 소리를 하는지 이해하려다가 평생을 다 보냈다니까요!" 엘리즈가 웃으며 말했다.

폴은 천문학에 매료되어 있었다. 특히 월식에. 마침 몇 주 후면 월식이 있을 예정이었다. 그는 그것이 얼마나 보고 싶은지를 자주 이야기했다.

"이 빌어먹을 혈압만 나아지면 자리를 털고 일어나 볼 수 있을 텐데! 이번이 내가 월식을 볼 마지막 기회가 될지 모릅니다."

하지만 혈압은 그가 월식을 볼 수 있을 만큼 좋아지지 않았다. 자신의 기대가 물거품이 됐다고 생각한 나머지 폴은 의기소침해지고 말았다. 자기 주변에서 일어나는 어떤 일에도 흥미를 보이지 않았다.

월식이 있던 다음날, 그의 큰딸이 내게 말했다.

"있잖아요, 아빠가 어젯밤 꿈에서 월식을 봤대요. 아빠는 실제로 보지 못하셨잖아요. 그런데도 그게 어떤 모양이었고 어디서 일어났는지 자세히 설명하시는 거예요. 전 아빠한테, 아빠가 맨 앞자리서 본 것 같다고 그랬죠. 아빠는 그냥 빙그레 웃기만 하셨어요. 제 동생은, 어쩌면 아빠가 정말 그랬을지 모른다고 했어요."

며칠 후 엘리즈에게 전화가 왔다.

"잘 모르겠지만, 애 아빠가 오늘 좀 이상해요. 뭐가 잘못됐는지 몰라도 우리한테는 도통 말하려 하질 않아요!"

간단한 건강진단을 해봤지만 주목할 만한 변화는 발견할 수 없었다. 한데 그는 뭔가에 골몰했는지 이마에 주름까지 잡혀 있었다.

평온하던 그의 평소 태도와는 많이 달랐다. 왠지 마음이 바쁘고, 뭔가에 정신이 팔려 있는 듯했고, 하던 일에 방해를 받아 짜증까지 난 것 같았다.

"무슨 일이죠, 폴? 뭐 문제 되는 게 있나요?" 내가 물었다.

"어떻게 하면 이 집과 집안의 모든 것을 가져갈 수 있을지 고심 중이오!"

"집을 어디로 가져간단 말씀이세요?"

"나하고 같이!" 그는 화가 난 것처럼 대답했다. 엘리즈의 눈이 휘둥그레졌다.

"집안에 있는 사람들도 데리고 간다고요?" 그녀가 물었다.

"물론이지!"

"우리가 뭐 도와드릴 게 있을까요?" 내가 물었다.

"없어요. 이 일은 나 혼자 힘으로 해내야 해요!"

그러더니 옆으로 돌아누워 잠이 들었다. 나는 주방으로 엘리즈와 딸들을 데리고 가서 그가 뭘 얘기하는 것 같냐고 물었다. 작은딸이 먼저 대답했다.

"전 아빠가 월식을 보신 게 기뻐요. 아빠는 정말 보고 싶어하셨거든요."

"아마도 아빠가 이 집을 안 떠나고 싶은 것 같아요. 선생님은 이 집을 아빠가 지었다는 걸 모르시죠?"

큰딸의 추측에 우리 모두는 그럴 수 있겠다고 동의했다.

다음 주, 폴은 자신이 죽을 때 가족과 집을 데려갈 계획에 대해 이런저런 이야기를 자주 꺼냈다. 건물의 지반은 파내고 수도관과 가스관은 떼내어 봉하고 비상식량을 모아두고 개별난방시스템을 구축하겠노라고 했다.

그러던 어느 날, 엘리즈는 갑자기 조용해져 거의 말이 없는 폴을 발견했다.

"폴, 무슨 일이에요? 당신 너무 조용해졌어! 뭐 잘못됐어요?"

"그것은 현실적이지도, 가능하지도 않아."

폴의 눈에는 눈물이 가득했다. 그녀는 그를 꼭 껴안으며 말했다.

"나도 알아요. 하지만 우린 당신이 얼마나 애썼는지 잊지 못할 거야." 그녀의 눈에서도 눈물이 흘렀다. "우리는 당신이 지은 이 아름다운 집에서 서로 힘을 합해 살아갈 거야. 우린 당신을 그리워하게 될 거야. 당신이 없으면 힘들겠지만, 그래도 잘 해나갈게."

그 대화 이후로 폴은 말하지 않았다. 고개를 끄덕이거나 가로젓는 정도뿐. 그래도 무척 평온해보였다. 다음날이 되자 그는 조용히 혼수상태로 빠져들었고, 몇 시간 뒤 엘리즈와 딸들이 지켜보는 가운데 세상을 떠났다.

장례식에서 엘리즈와 딸들은 폴의 동료들에게 이런 이야기를 들려주었다.

"그런 불가능한 일을 하려 하다니, 정말 폴답지 않아요?" 엘리즈가 말했다. "만약 누군가가 자기 가족과 집을 함께 데려갈 방법을 발견했다면, 그건 바로 폴이었을 거예요!"

폴이 가족에게 선사했던 사랑과 관심이라는 선물 덕분에, 가족들은 그를 잃은 상실감과 비애를 좀 더 잘 극복할 수 있었다.

죽어가는 사람의 메시지 전달방식에는 각자의 개성과 경험이 반영되어 있다. 메시지를 길고 자세하게 자주 언급하는 사람이 있는가 하면, 간단하게 획 지나가듯이 언급하고 마는 사람도 있다. 또 애매모호한 메시지, 혹은 명료한 메시지도 있다. 하지만 어느 것이나 "난 떠날 준비를 하고 있어."라는 뜻을 전한다는 점에서는 일치한다.

배를 좋아했던 딕은 마지막 항해를 준비하면서 딱 한 번 조수에 대해 물었다. 반면 항공기술자 폴은 가족과 집을 가져가겠다는, 복잡하고 불가능한 문제에 몰두했다. 엄격한 군인이었던 조지는 신분증과 여권을 찾아달라고 재차 부탁했다.

메시지의 핵심에는 죽어가는 사람이 자신의 죽음을 알고 있다는 정보가 담겨 있다. 그것도 다른 누구보다 먼저. 그것을 이해하고 나면 죽음의 과정에 대한 정보만으로도 두려움을 가라앉힐 수 있다. 남은 가족들은 괜찮을 것이고, 지금 무슨 일이 일어나고 있

는지 가족들이 이해하고 있다는 사실을 확인만 시켜줘도 그는 평
온을 얻을 수 있다.

6.

"엄마가 여기 와 계셔."

보이지 않는 누군가와 함께 있다

"난 혼자가 아니야"

임종자각에서 가장 자주 일어나는 현상이 이 세상 사람이 아닌 누군가가 나타나는 것이다. 이것을 경험하는 시기는 사망하기 몇 시간 전, 며칠 전, 때로는 몇 주 전이 되기도 한다. 죽어가는 이들이 우리 눈에는 보이지 않는 누군가에게 말을 건네거나 미소를 짓거나 고개를 끄덕이는 등의 행동을 할 때가 많다. 때로는 그 보이지 않은 사람이 둘 이상일 때도 있다.

그들은 대개 죽어가는 이가 잘 아는 사람들이다. 이미 죽은 부모나 배우자, 형제자매, 친구처럼 환자의 삶에서 중요한 사람이다. 환자들은 대체로 그 사람을 다시 만났다는 사실에 기뻐한다. 천사나 성령 같은 종교적 형상을 보는 사람도 있지만, 때로 누구인지 알아보지 못할 수도 있다. 이런 경우에도 당황하거나 겁먹는 것 같지는 않다. 대부분 아무 의심 없이 이들 다른 존재를 받아들인다.

스티브

젊고 총명하고 유머감각이 뛰어난 스티브는 재미있는 걸 좋아하는, 보스턴 가문의 막내였다. 대학 졸업 후 직장생활에 들어서기 전까지, 그는 해마다 여름을 케이프코드에 있는 가족 별장에서 보냈다. 거기서 여름마다 오하이오 주에서 찾아오는 옆집의 랄프와 친한 친구가 되었다. 둘 다 열렬한 수영광이어서 그들의 여름은 활력으로 충만했고, 장난기 많은 이들을 두고 스티브의 어머니는 '공포의 2인조'라고 불렀다.

두 사람은 사회로 나가 각자 좋은 직장에서 생활했지만, 안타깝게도 이것은 아무 근심 없이 함께하던 그들의 여름이 끝났음을 뜻하였다. 그 후로 둘은 거의 만나지 못했고, 크리스마스 카드를 제외하고는 소식도 끊어졌다.

그러는 동안, 스티브가 스물일곱이 되던 해에 비극적인 교통사고로 목 아래로 모두 마비되고 말았다. 병원에서 여러 달을 보내고 재활시설에서 또 몇 달을 보낸 후에, 가족들은 그를 집에서 간병하기로 했다. 하지만 두 달이 채 되기도 전에 가족 모두가 지치고 말았다. 온종일 스티브에게 매여 있어야 하는 것이 만만치 않았던 것이다. 그들은 괴로워하며 그를 요양원에 보냈다.

이런 상황에서도 스티브는 유머감각을 잃지 않았다. 그는 혼자서는 아무것도 할 수 없으면서도 간호사가 장난을 받아주지 않으면 도망쳐 버리겠노라고 을러댔다.

"스티브의 장난을 받아주는 건 어렵지 않았어요." 한 간호사가 그의 어머니에게 말했다. "그는 휠체어를 탄 채 홀에 있기를 좋아했기 때문에, 여기서 일어나는 일은 대개 다 알 수 있었지요. 그는 정말 괴짜였어요. 늘상 우리를 웃겨댔어요. 어떤 환자가 화를 내거나 우울해하면 우리는 스티브더러 그를 만나달라고 등을 떠밀었죠. 스티브는 새로 온 환자들과도 아주 잘 지내서 별명이 '어서 오세요, 휠체어 맨'이었답니다."

어느 날 스티브는 폐렴으로 사경을 헤매게 되었다. 전신마비 환자에게는 흔히 있을 수 있는 일이었다. 치료는 효과적이지 못했고, 결국 스티브는 숨을 거뒀다. 가족들은 망연자실했고 모두의 슬픔이 요양원을 휩쓸고 지나갔다.

몇 주 뒤, 오하이오 주 소인이 찍힌 한 통의 편지가 도착했다. 절친 랄프의 아내가 보낸 그 편지는, 그가 최근 암으로 죽었다는 소식을 알리는 것이었다. 랄프는 스티브의 상황에 대해서는 아무것도 모르고 있었다. 그런데 죽기 마지막 몇 주 전부터 랄프가 환영을 보기 시작했다는 것이다. 처음에는 그의 아내도 단순한 착란으로 받아들이고 염두에 두지 않았다. 그런데 죽기 직전 (그러니까, 그때는 스티브가 막 죽은 후였다) 랄프가 벌떡 일어나 앉더니 들뜬 음성으로 말했다는 것이다.

"자, 스티브가 여기 왔어! 함께 수영 가자고 데리러 왔다는군."

스티브의 가족들은 그 편지를 읽고 큰 위안을 받았다. 스티브가 다시 어딘가에서 자신이 좋아하는 일을 하고 있을 것이라 여길 수 있었던 것이다.

스티브의 어머니는 "공포의 2인조가 다시 그 옛날의 장난꾸러기들로 돌아갈 수 있게 된 거예요!" 하고 말했다. 랄프의 아내 역시 남편의 어린 시절 친구가 정말로 찾아와, 외롭지 않게 죽음을 맞을 수 있었다고 생각하며 위안을 받았다.

프레드

프레드와 아내 앤, 그리고 외동딸 루스는 아주 정이 깊은 가족이다. 앤과 프레드는 80대였고 루스는 마흔일곱으로, 셋은 함께 살고 있었다. 프레드는 뼈와 폐까지 번진 전립선암으로 죽어가고 있었다. 루스의 적극적인 도움으로 앤은 고령의 나이에도 불구하고 그를 집에서 간병할 수 있었다.

프레드는 아직 정신은 맑았지만 몸은 많이 허약해진 상태였다.

그는 예상보다 더 오래 버티고 있었는데, 이것이 앤을 지치고 힘들게 했다. 프레드가 죽을 준비가 되어 있는 걸 아는 앤으로서는 그가 왜 삶의 끈을 안간힘을 쓰며 놓지 않는지 이해할 수가 없었다. 루스 역시 힘에 부쳐하면서, 아버지 걱정보다는 그들이 얼마나 더 오래 간병할 수 있을지 염려하고 있었다.

나는 앤에게, 프레드가 그 없이도 아내가 잘 살아갈 수 있을지 걱정하기 때문에 버티고 있다는 생각은 들지 않냐고 물었다.

"아, 그럴 수도 있겠네요." 앤도 동의했다.

"이 문제를 할아버지와 상의해보면 어떨까요?"

"그게 좋을 것 같긴 한데, 난 뭐라고 말해야 할지 모르겠어요. 좀 도와주겠어요?" 앤이 말했다.

앤은 루스와 함께 침실로 들어갔다. 그들은 프레드의 양쪽에 앉아 한 손으로는 프레드의 손을 잡고, 다른 한 손으로는 서로의 손을 잡았다.

"프레드, 당신 죽는 게 겁나요?" 앤이 물었다.

"아니." 그가 말했다.

"그럼, 뭐 걱정되는 일이라도 있어요?"

"내가 가고 나면 당신이 어떻게 될지 걱정돼."

그는 그녀를 향해 미소를 지어 보였지만 눈에는 근심이 가득했다.

"그런 걱정이랑 말아요." 앤이 말했다. "당신이 몹시 보고 싶긴 하겠지만, 난 괜찮을 거예요. 게다가 당신도 알잖아요, 나 역시 당신 곁으로 갈 시간이 얼마 남지 않았다는 거."

세 사람은 이런저런 얘기를 나누며 한 시간 이상 그렇게 앉아 있었다. 앤과 프레드가 함께했던 지난날들을 그리움을 담아 이야기했다. 그들이 어떻게 해변에서 만나 사랑에 빠졌고, 앤이 유대교로 어떻게 개종했으며, 그 세월을 거치며 그들에게 종교가 얼마나 중요한 역할을 했는지 등에 대해서. 또 루스를 키우며 경험했던 기쁨과 세 사람이 함께 나눈 사랑에 대해서도 이야기했다. 프레드는 다정한 지난날을 돌이켜 보면서도 간간이 앤에게 실질적인 이야기를 하는 걸 잊지 않았다. 자기가 죽고 나면 장례를 어떻게 치르고 생활은 어떻게 꾸려 나갈지에 대한 이야기들 말이다.

시간이 좀 지나자 프레드가 일어나 앉더니 훼방꾼을 몰아내기라도 하듯 흥분해서 손을 저어댔다. 그는 방 저쪽에서 누군가를 보기라도 한 듯 중간중간 대화를 중단했다. 고개까지 돌리더니 "좀 기다려줘요. 아직 준비가 덜 됐소!" 하고 초조한 어투로 말하기도 했다.

프레드는 다시 한 번 앤에 대한 염려와 충고를 이르고 나서, 그녀에게 당신 없이도 잘 꾸려가겠노라는 말을 재차 확인받고 나서야 그들에게 작별의 입맞춤을 했다. 그는 베개에 등을 기댄 채 몇 번 조용히 숨을 쉬더니 이내 숨을 거뒀다.

프레드가 방안에 다른 사람이 있다는 말은 하지 않았지만, 그의 태도로 보아 그는 그들이 누군지 알고 있었고 놀라거나 무섭지도 않은 듯했다. 단지 그들이 그를 재촉하는 것에 초조해했을 뿐이다. 앤과 루시도 그의 뜬금없는 말과 몸짓에 놀라지 않았다. 그가 이 여행에 동행이 되어줄 사람들과 이야기를 나누고 있다고 미루어 짐작했던 것이다.

마르타

60대 초반의 마르타는 골반뼈까지 퍼진 자궁암으로 죽어가고 있었다. 그녀는 오래 전에 남편을 잃고 여러 해 동안 딸 가족과 함께 살고 있었다.

마르타는 우리 눈에 보이지 않는 사람들을 보았고 그녀의 반응은 전형적이었다. 그녀는 놀라지도 당황하지도 않았고, 다른 사람이 볼 수 없는 것을 본다는 사실에 기뻐하기까지 했다.

죽기 몇 주 전, 마르타는 내게 "저 어린 여자애가 누군지 알아요?"라고 물었다.

"어느 여자애요?"

"날 보러 오는 아이 말이야. 다른 사람들 눈에는 안 보이는 애."

마르타는 우리에게 보이지 않는 방문객들에 대해 모두 이야기해주었는데, 대부분 이미 고인이 된 그녀의 부모와 언니, 동생들이었다. 그런데 그들과 함께 나타나는 한 아이만은 누군지 알 수가 없다는 것이었다. 하지만 그것이 그녀를 괴롭게 하는 것 같지는 않았다.

그녀는 오히려 "걱정 말아요. 내가 떠나기 전에 생각해낼 테니까. 아니면 거기 가서라도 알아낼 거요. 선생은 그들을 본 적이 있나?" 하고 물었다.

"아니오. 본 적 없어요. 하지만 전 할머니가 보고 계신다고 믿어요. 그들이 지금 여기 있나요?"

"조금 전에 떠났지. 계속 있지는 않아. 잠깐씩 왔다 가는 거지."

"그들이 여기 있을 때는 어때요?"

"글쎄, 서로 얘기를 할 때도 있지만, 대개는 그냥 그들이 왔구나 하고 말지. 난 알아. 그들이 날 사랑하고 있고, 시간이 되면 나와 함께 하리란 걸."

"시간이 되면, 이라는 말은 무슨 뜻인가요?"

"내가 죽으면 말이야." 마르타는 담담하게 말했다.

대개는 죽은 친척이나 친구들이 보이지만 때로는 천사나 신 같은 종교 형상을 보는 사람들도 있다. 어떤 이는 신의 얼굴을 봤다고 했고, 또 "침대 옆에 천사가 서 있었다"고 말한 이도 있었다. 이들도, 익히 아는 사람을 본 사람들과 마찬가지로 전혀 당황하지 않았다. 대체로 차분하게 그들이 보는 것을 이야기했고, 보이지 않는 방문객을 대할 때면 평소보다 더 편안해 보였다.

안젤라

안젤라는 흑색종으로 죽어가던 스물다섯의 쾌활한 음악가였다. 그녀가 호스피스 병동에 입원했을 때, 그녀의 부모와 세 남동생, 가까운 친구들 모두가 병실로 이사라도 온 것 같았다. 낮에는 친구들과 몇몇 동아리가 그녀 주위를 둘러쌌고, 밤에는 그녀의 부모가 병실을 지켰다.

팔에 난 까만 사마귀에서 시작된 흑색종은 온몸으로 번져갔다. 종양은 이미 뇌에까지 이르러 몸의 각 부분들이 차례로 마비되었다. 이미 좌측 마비가 왔고 앞을 볼 수 없었으며 워낙 쇠약해져서 자리에서 일어날 수도 없었다. 하지만 아직까지는 말할 수 있었고 완전히 무너진 상태는 아니었다. 병동에 처음 입원하던 날, 그녀는 단호하게 말했다.

"전 호스피스가 뭔지 잘 알아요. 난 그런 부질없는 얘기들을 원하지 않아요. 기도나 신부님도 마찬가지고요. 그런 건 제 취향이 아니에요! 전 무신론자거든요. 전 하느님이나 천국을 믿지 않아요."

병동 직원들은 안젤라의 입장을 존중했지만, 그녀의 어머니로서는 받아들이기가 무척 힘들었다. 독실한 가톨릭 신자인 어머니는 딸이 자기를 길러준 신과 신앙을 거부하는 걸 지켜보고만 있을 수 없었던 것이다.

"다른 애들은 다 하느님을 믿고 성당을 다니는데, 안젤라는 왜 저러는지 모르겠어요! 우린 애들을 다 똑같이 키웠는데, 저 애만큼은 받아들이지 않아요."

쌀쌀한 2월의 어느 이른 아침이었다. 나는 안젤라가 울린 호출 벨을 받았다. 내가 들어서자 병실에서 밤을 보낸 그녀의 어머니가 간이침대에서 일어났다.

"안녕? 안젤라. 뭘 도와줄까요?"

"날 보러 누가 여기 들어왔나요?" 그녀가 물었다.

"그런 것 같지 않은데. 난 아무도 못 봤어요. 아직 날이 밝지도 않았고, 주위에 아무도 없어요. 그런데 그건 왜 묻죠?"

"천사를 봤어요."

나는 침대에 걸터앉았다.

"무슨 일이 있었는지 말해봐요."

안젤라는 얼굴 가득히 미소를 띤 채 "제가 잠에서 깼을 때였어요. 창문을 통해 들어오는 빛 속에 천사가 앉아 있었죠." 하고 말했다. 그녀는 그때의 강렬한 느낌을 묘사하기를, 그에게서 따뜻함과 다정함과 배려의 마음이 뿜어져 나오더라고 했다.

그녀의 어머니가 안젤라의 손을 잡아주며 말했다.

"안젤라, 하느님이 보내신 징표야!"

"엄마. 전 신을 믿지 않는다니까요!"

안젤라가 발끈해서 말했다.

"그건 중요하지 않아." 그녀의 어머니는 말했다. "넌 하느님을 봤거나 아니면 적어도 하느님께서 보내신 사자라도 본 게야!"

"그게 누군지가 그렇게 중요해요?" 안젤라가 대들었다. "그냥 날 기다리는, 다정하고 상냥한 누군가가 있다는 것을 안 것만으로도 충분하지 않으세요?"

"안젤라, 그게 뭘 뜻한다고 생각해요?" 내가 물었다.

"난 천사나 신을 믿진 않지만, 누군가가 분명 여기에 왔어요. 누군지 모르지만 날 사랑하고 기다리는 존재란 느낌을 받았어요. 그러니까 그건 내가 외롭게 죽진 않으리란 뜻이겠죠."

그녀의 얼굴에 다시 미소가 번졌다. 눈물이 글썽글썽한 채 그녀의 어머니가 딸을 감싸안았다.

"그래. 아가. 그분이 누군지는 중요하지 않아. 난 그냥 너한테 이런 일이 일어나서 정말 기쁘구나!"

그 뒤 병실 밖에서 그녀의 어머니가 말했다. "그분은 틀림없이 하느님이거나 천사였을 거예요. 저 애는 그럴 리 없다고 우기지만, 선생님도 아시다시피, 저 애가 워낙 고집이 세잖아요. 아무튼 중요한 건 이런 일이 일어났다는 거예요. 뭐라 부르든 그게 뭐 중요하겠어요!"

안젤라는 자기를 사랑하는 존재가 기다리고 있다는 걸 알고 기
뻐하며 안도했다. 그녀의 어머니 역시 딸이 외롭지 않은 죽음을 맞
게 되리란 사실에 마음을 놓을 수 있었다.

죽어가는 사람들은 다른 사람 눈에 보이지 않는 어떤 존재와
마주쳐도 그다지 당황하지 않는다. 그러나 이런 방문객은 가족과
친구, 의료인들을 당혹스럽게 할 수 있다. 그래서 죽어가는 아버지
에게 "아버지도 아시잖아요, 어머니가 몇 년 전에 돌아가신 걸?"
"잘못 보셨을 거예요. 어머니를 보셨을 리 없어요!" "약 기운 때문
에 아버지가 꿈을 꾸신 거예요."라고 반박할 수도 있다. 하지만 이
런 반박은 전혀 도움이 안 된다. 오히려 죽어가는 사람이 자신의
경험을 나눌 용기를 잃고 당황하게 만들기 쉽다.

수

기품 있는 중국계 여인 수는 딸 릴리의 헌신적인 간호를 받고
있었다. 두 사람은 불교신자라서인지 말기 상황을 상당히 잘 견
뎌내고 있었다.

수는 곧잘 "나는 지금까지 잘 살아왔어. 게다가 나이가 여든셋
이니 살 만큼 살았지!"라는 말을 했다. 또 꿈에서 몇 년 전에 죽은

남편을 자주 본다면서, "그 사람과 곧 합치겠지."라고도 했다.

그러던 어느 날이었다. 수는 무척 당황스러워했다.

"왜 우리 언니가 내 남편하고 같이 있을까? 그 두 사람이 나를 부르고 있었어."

"언니가 돌아가셨나요?" 내가 물었다.

"아니, 언니는 아직 중국에 살아 있어. 오래 못 만나긴 했지만."

내가 이 얘기를 딸에게 전하자, 그녀가 깜짝 놀라더니 눈물을 글썽이며 말했다.

"이모는 이틀 전에 중국에서 돌아가셨어요. 이모도 어머니하고 똑같은 암으로 몹시 힘들게 돌아가셨다더군요. 이모는 의료혜택을 받을 수 없는 외진 마을에 사셨거든요. 우리는 어머니께 이 사실을 알리지 않기로 했죠. 어머니 상태가 원체 안 좋으시니까요. 어머니를 슬프게 하거나 놀라게 하고 싶지 않았어요."

"어머니가 왜 언니와 남편이 함께 당신을 오라고 부르는지 의아해하시는데, 그건 어떻게 생각하세요?" 내가 물었다.

릴리는 곰곰이 생각하더니 "어머니 말씀이, 지난주 내내 아버지가 같이 있자며 당신을 부른다고 하셨어요. 그분들이 내세에서 다시 만나실 거라고 생각하니 저한테도 위로가 되네요. 게다가 이모도 거기서 기다리시는 것 같고요." 하고 말했다.

"이모님의 사망소식이 어머니를 슬프게 할 것 같아요?"

"아니. 그렇지 않을 거 같네요. 두 분은 서로 무척 아끼셨으니까요. 그러니 다시 함께 할 수 있다는 걸 알게 되신다면 오히려 기뻐하실 거예요. 어머니한테 사실대로 말씀드려야겠군요."

릴리는 눈물을 글썽이며 이모의 병과 사망소식을 전했다. 이 이야기를 들은 수는 미소를 지으며, "아, 이제야 알겠구나."라고 말했다. 수수께끼는 풀렸고, 3주 뒤 그녀는 기대감에 설레며 평화롭게 세상을 떠났다.

레오나

거의 의식이 없는 레오나를 지켜보며, 남편 레이는 거의 이성을 잃었다.

"이건 너무 불공평해. 늘 다른 사람들을 돕고 챙기던 사람이 이제 혼자서는 아무것도 할 수 없다니. 아들 녀석이 마약중독에 빠진 걸 지켜봐야 하질 않나, 딸이 우리보다 먼저 죽지를 않나."

나는 그의 딸 베스에 대해 물었다. 레이는 그들 부부 인생의 빛이 바로 딸이었다고 했다. 총명하고 따뜻한 품성의 딸은 누구에게나 호감을 사는데다, 남을 돕는 일에서도 제 엄마를 쏙 빼닮았다는 것이다.

"그 애가 아직 고등학생일 때였소. 청각장애인 가족이 우리 구역으로 이사를 왔지요. 이웃사람들은 서먹서먹해 했지만 레오나와 베스는 새로운 이웃에게 말을 건넬 수 있게 수화를 배웠소. 두 사람은 늘 수화연습을 했지. 나와 아들에게도 배우라고 성화였지만 우리가 할 수 있었던 건 기껏해야 몇 가지 쉬운 말이 전부였다오." 레이는 왼손을 들어 올려 제스처를 취하며 말했다. "이건 '널 사랑해'라는 뜻이오. 딸아이는 우리가 수화를 배우지 않으면 자기들끼리만 '비밀 이야기'를 하더라도 알아듣지 못할 거라며 끈질기게 졸라댔소."

이어서 레이는 딸이 어떻게 죽었는지 말해주었다. 그녀는 대학 1학년 때, 급성 맹장염으로 응급수술을 받았다. 그때 마취제 부작용으로 심장이 잠시 멎는 불상사가 일어났다. 심폐소생술로 겨우 살아났지만 산소부족으로 인한 뇌손상 때문에, 그녀는 혼수상태에 빠지고 말았다. 지금 레오나가 혼수상태에 있듯이.

"몇 주 동안 우리는 그 아이가 무사히 정신을 차리고 일어나기를 기도했죠. 그랬더니 정말로 깨어나는 게 아니겠소? 하지만 말도 못하고 거의 움직일 수가 없었지요. 우리도 못 알아보는 것 같았으니까. 그 때문에 아이 엄마는 거의 죽을 지경이 됐고, 아들 녀석은 자기가 그런 일을 당했어야 한다고 자책했소. 집안이 엉망이었지.

결국 우리는 딸아이를 요양원에 넣을 수밖에 없었소. 아이는 거기서 18개월을 더 살았지. 아내는 하루도 거르지 않고 찾아가, 아이에게 말을 걸었지요. 마치 딸애가 알아듣기라도 하는 듯이 말이오. 결국 아이는 죽었소."

몇 주 후, 레오나는 평화롭고 편안하게 죽음에 다가갔다. 웨스트코스트에 있던 아들 척이 황급히 찾아왔다. 레오나가 몇 년 전 혼수상태의 딸에게 그랬듯이, 이번에는 그들이 레오나를 돌보며 말을 걸었다. 죽기 직전, 레오나는 혼수상태에서 깨어났다. 그녀는 눈을 뜨고는 밝은 미소를 지으며 레이와 척의 어깨 너머를 바라보았다. 그러고는 손을 움직이는가 싶더니 눈을 감고 숨을 거뒀다.

"아빠, 엄마의 오른손 좀 보세요! 누나하고 늘 하시던 것처럼 수화로 '널 사랑해'라고 말씀하셨어요."

척의 말에 아버지는 아들을 껴안으며 말했다. "둘이 이제 다시 같이 있게 됐구나."

이 세상 사람이 아닌 누군가를 보거나 느끼는 사람을 제대로 대하려면, 그런 일이 일어나리란 예상을 하고 있어야 한다. 그런 메시지들은 그리 난해하지 않다. 환자가 분명하게 말하는 경우가 많기 때문이다. "아버지가 여기 와 계셔."라거나 "따뜻하고 자상한 누군가가 날 기다리고 있어."라고 말이다. 이런 메시지들이 약물이나 환각 혹은 인지력의 상실 따위에서 나오는 것이 아님을 인정할 때, 당신은 그가 이야기하는 것을 좀 더 잘 이해하게 될 것이다.

다른 사람의 사망소식을 알리지 않는 것은 간혹 역효과를 낳을 수도 있다. 친절한 생각일지는 몰라도 오히려 진실 쪽이 평화를 가져다준다. 죽어가는 사람의 말이나 행위가 무엇을 뜻하는지 이해가 되지 않을 때는, 부드럽게 물어본다. 그가 기꺼이 이야기 한다면, 더 많은 것을 알 수 있을 것이다.

분명하게 기억해야 할 것은, 죽음은 외롭지 않다는 사실이다. 많은 사람들이 자기가 죽을 때나 자기가 사랑하는 사람이 죽을 때 가장 두려운 것으로 외로움을 꼽는다. 하지만 죽어가는 사람들이 전하는 메시지는, 그들이 외롭게 죽지 않으며 우리 또한 그럴 거라는 사실이다. 우리보다 먼저 죽은 사람이나 영적 존재들이 우리가 준비하는 여행에 길동무가 되어주기 때문이다.

7.

"길 저편에 아름다운 빛이 보여."

다음 세상을 보다

　죽음을 앞둔 사람들은 다른 사람 눈에는 보이지 않는 어떤 곳을 봤다고 말한다. 그들은 구체적이진 않지만 간단하면서도 생생하게 그곳을 묘사한다. 아주 아름답거나 멋진 곳으로 묘사할 때도 있다. 하지만 좀 더 자세히 이야기해 달라고 부탁하면 꿈꾸는 듯한 얼굴로 고개를 젓거나, 헛발질처럼 몇 번 시도해보다가 포기하는 경우가 대부분이다.

　그런데 이처럼 소위 저세상이란 곳을 얼핏 보는 것만으로도, 죽어가는 사람들은 평화와 위안을 얻는다. 뿐만 아니라 그의 말을 듣고 이해하는 사람들 또한 같은 느낌을 공유할 수 있다.

보비

서른두 살의 보비는 형 빌의 집에서 머물러 있었다. 한때는 건장했던 보비였지만 이제는 요실금과 황달로 얼굴이 누렇게 뜬데다, 심한 체중감소로 불거진 뼈와 가죽만 남은 형상이었다. 빌과 누이 매리는 보비의 몸을 닦아주고 이를 닦아주고 등을 쓸어주는 등, 그가 쾌적하게 지내는 데 필요한 거라면 뭐든 다 해주었다.

보비는 삼킴 장애가 있었기 때문에, 빌과 매리는 진통제 주사법을 따로 배웠고, 부드러운 스폰지로 그의 입을 자주 닦아주어 입을 촉촉하게 했다. 보비는 말하는 것조차 힘에 겨웠다. 그는 극도로 쇠약해져 속삭이는 것만으로도 젖 먹던 힘까지 다 짜내야 했다.

어느 날이었다. 동생이 통증을 호소하지 못하는 것 같다며 빌이 전화를 걸어왔다. 도착해보니, 보비가 뭔가 불편해하고 걱정하는 눈치였다. 나는 혈압과 맥박, 호흡수, 폐기능을 점검하고 나서, 보비에게 몇 가지 질문을 했다. 그가 말을 할 수 없었기 때문에, 나는 양자택일식 질문법을 시도했다.

"몇 가지 질문을 할게요, 보비. 대답이 '예'면 눈을 한 번 깜박이고 '아니오'면 두 번 깜박여주세요. 알았죠?"

보비가 눈을 한 번 깜박였다.

"지금 아픈가요?"

"아니오." 그가 답으로 눈을 두 번 깜박였다.

"내가 보기에는 당신이 뭔가 걱정하는 것 같은데, 그런가요?"

"예."

"겁이 나세요?"

"예."

"당신에게 무슨 일이 일어날지 설명해드릴까요?"

"예."

보비는 눈을 깜박여 답하는 것만으로도 훨씬 불안감을 더는 듯했다. 나는 그의 표정을 주시하면서 천천히 말했다. 보비에게 지금도 쇠약해졌지만, 얼마 안 있으면 더 쇠약해질 거라고 이야기했다. 소리나 이야기는 계속 들을 수 있겠지만 눈을 뜨거나 주위 사람들에게 반응을 보이기는 어려워질 것이다.

"호흡이 점점 가늘고 느려질 겁니다." 내가 말했다.

"……그런 다음엔 조용히 예수님이 계신 집으로 돌아가는 거지." 빌이 우리 대화에 불쑥 끼어들었다.

보비는 자기 형을 봤다가 나를 보았다. 정말이냐는 눈빛으로. 내가 동의의 표시로 고개를 끄덕이자 그가 미소를 지었다. 나는 조용하고 편안하고 평화롭고 고통 없이 죽음을 맞을 거라고 덧붙여줬다. 보비는 안심한 듯 눈을 감고는 베개에 편안히 머리를 묻었다.

그는 조용히 휴식을 취했고, 그 곁에서 빌과 매리가 그에게 나지막이 이야기를 건네며 자리를 지켰다. 가끔씩 그는 눈을 떠 그들에게 미소를 지어 보였다.

빌과 매리는 동생이 불안해하는 이유가 통증 때문이라고 생각했다. 워낙 쇠약해져서 말조차 할 수 없었기 때문이다. 하지만 보비가 겪고 있던 것은 마음의 고통이었다. 그리고 그 해결책은 진통제가 아니라 무슨 일이 일어날지에 대한 정보와 다독거림이었다. 그래서 우리가 들려준 이야기가 보비의 근심을 한결 덜어줄 수 있었다.

보비의 진통제 주사 시간이 되자, 나는 그에게 양해를 구했다.

"통증을 가라앉힐 주사를 놔드릴 건데, 먼저 베개를 좀 고쳐놔도 될까요?"

보비가 눈을 한 번 깜박였다.

내가 팔로 그의 어깨를 감싸안았을 때였다. 그의 호흡이 변했다. 몇 초간 끊겼다가 다시 시작되었다. 나는 빌과 매리에게 "호흡이 달라졌어요. 숨을 거둘 것 같네요."라고 말했다.

빌은 집안에 있던 다른 가족들을 모두 불러 침대 주위로 모이게 했다. 보비의 호흡이 다시 변했다. 몇 차례 느려지면서 몇 초씩 멈추었다가 다시 시작되었다.

매리는 보비를 부여잡고 눈물을 흘렸다. 빌은 동생의 뺨을 쓰다듬으며 "보비, 넌 이제 예수님이 계신 집으로 가게 될 거야." 하고 말했다. 다른 사람들도 사랑했노라고, 그리울 거라고 아쉬움을 전했다.

마지막으로 긴 숨을 한 번 내쉰 보비가 마침내 숨을 거뒀다. 잠시 후 빌이 말했다. 빌이 혼자 지키고 있을 때, 보비가 사흘 만에 처음으로 분명하게 말을 하더라는 것이다.

"보비는 우리에게 '길 저쪽에 빛이 보이는데 참 아름다워.'란 말을 남겼습니다."

죽어가는 이가 저세상에 대해 한 말은 사람들에게 큰 위안을 준다. 이곳에 남아 살아갈 사람들에게 주는 마지막 선물인 것이다.

나중에 매리는 말했다. "난 비종교인이지만, 보비가 죽을 때 그 자리에 있었던 것이 진정한 영적 체험이 됐습니다. 그러고 나니 모든 것이 달라 보이더군요."

빌도 장례식에서 그녀와 같은 마음을 드러냈다.

"보비의 죽음이 워낙 평화로웠기 때문에, 전 이제 죽음이 두렵지 않습니다. 동생은 제게 죽음 너머에 무엇이 있는지 보여주었죠. 내가 죽을 때도 그러기를 바라고요."

린

종교가 뭐냐는 질문에 경제학자였던 린은 이렇게 말했다.

"난 종교가 없어요. 신 같은 건 믿어본 적이 없어요. 그냥 관심을 두지 않는 거죠."

그런 그녀가 죽기 두 달쯤 전에 말했다.

"꿈을 꿨어요. 아니, 실제로 꿈은 아니었는데, 어쨌든 내가 엄청 근사한 곳에 가 있는 거예요."

그녀는 곧 가게 될 저세상을 보았다는 말 외에는 어떤 말도 하지 않았다. 아니, 할 수가 없었다.

그녀는 "그게 꿈이 아니었다는 건 알겠어요. 정말 멋졌는데."라고 몇 번씩 중얼거리더니, 고개를 가볍게 젓고는 어깨를 으쓱해보였다. 자신이 본 것에서 큰 위안을 받은 듯 보였다. 그녀는 꿈꾸는 듯한 미소를 지었고 먼 곳을 바라보는 듯한 눈빛이었다.

"아주 멀리 가 계신 것 같네요." 내가 말했다.

"별로 멀지 않아요. 그런데 정말 근사한 곳이에요." 린이 대답했다.

린의 딸 산드라는 어머니가 약을 과용하는 게 아닌지 물었다. 하지만 린은 약을 거의 먹지 않았고, 먹더라도 소량만 복용하던 터였다. 나는 산드라에게 그 꿈 아닌 꿈에 대해 어머니와 얘기해보라고 일러주었다.

"어머니는 당신이 돌아가실 걸 알고 계세요. 하지만 죽은 후에도 삶이 계속되리란 걸 아시는 것 같아요." 산드라가 말했다. "어머니는 지금까지 사람은 죽고 나면 그것으로 끝이라고 생각하셨어요. 한데 지금은 새로운 곳을 보신대요. 당신 사후에 갈 곳이라고 말씀하시더군요. 저로서는 정말 그런 데가 있을까 미심쩍기도 하지만, 한편으론 어머니 말씀이 옳을 수도 있다고 생각해요."

린이 평화롭게 죽고 난 후, 산드라는 어머니의 바뀐 내세관에 어떻게 대처해야 할지 당혹스러웠다고 털어놓았다. 하지만 그녀는 그 경험이 자신을 자유롭게 해준다는 사실도 알고 있었다.

"전 아직도 그런 종교적 이야기는 안 믿지만, 그렇다고 죽으면 그것으로 끝이라는 생각도 안 해요. 제가 어머니에게 배운 것이 있다면 우리가 사후에도 어떤 식으로든 실재한다는 건데, 그게 어떤 건지는 아직 모르겠어요." 자신의 어머니가 어딘가에 여전히 존재하고, 다시 만날 수 있으리란 생각은 그녀에게 큰 위안이 되었다.

어머니가 저세상을 본 것에 대해 산드라는 보비 가족과는 다르게 해석했다. 그러나 그 본질, 사후에도 삶은 계속된다는 내용은 다르지 않았다.

보비나 린 같은 사람들이 임종자각의 일환으로 저세상을 볼 때, 그들의 영혼이 몸을 떠나는 체험은 아닌 것 같다. 그보다는 몸에 그대로 머물면서 두 가지 차원을 동시에 자각한 게 아닐까? 반면, 유체이탈을 체험하는 사람들은 자기 몸을 떠나 다른 장소를 찾아가거나 자기 몸을 내려다보거나, 혹은 그들이 듣도 보도 못했을 일들을 알고 있기도 한다.

루시

루시의 딸에게서 전화가 온 것은 동틀 무렵이었다.

"엄마 말이, 당신 몸을 떠나 다른 곳에 다녀 오셨대요. 지금 저한테 자꾸 거기 다녀온 이야기를 해주겠다고 하시는데 어째야 좋을지 모르겠어요."

전화를 통해 들려오는 엘리의 목소리는 두려움으로 잔뜩 긴장되어 있었다.

"어머니는 지금 어떠세요?" 내가 물었다.

"엄마 말로는 괜찮으시대요."

"어머니가 어딘가 달라지신 것 같아요?"

"아뇨. 몸을 떠났다는 이야기만 빼면 평소와 같으세요."

"어머니가 그 때문에 흥분해 계신가요?"

"아니, 괜찮으세요. 아주 편안해하시고, 커피도 한 잔 달라고 하셨는걸요."

내가 도착했을 때, 엘리는 불안정해 보였지만 그녀의 어머니는 오히려 평온한 상태였다.

"좀 어떠세요?" 루시에게 물었다.

"지금 엘리에게 이야기하던 중이었어요. 잠깐 이 늙은 육신을 남겨두고 여기를 떠났다고 말이에요." 루시가 말했다.

"어딜 가셨는데요?"

"내가 자란 펜실베이니아 옛 농장에 갔지. 부엌은 예전 모습 그대로더군. 소가 풀을 뜯던 들판 풍경도 얼마나 푸르고 싱싱한지."

루시는 그 옛 농가에서 스무 살이 될 때까지 살았던 이야기, 집 주인이던 삼촌이 돌아가시기 전까지 자주 찾아갔다는 이야기를 장황하게 늘어놓았다. 하지만 집이 팔린 뒤로는 한 번도 찾아가 본 적이 없다고 했다. 그녀 말대로라면 자신이 유난히 좋아하던 곳으로 공간이동을 했다는 이야기였다.

"그게 무슨 의미라고 생각하세요?" 내가 루시에게 물었다.

"오오, 나도 모르겠어. 그냥 내가 거기를 다시 한 번 가보고 싶었나봐."

루시는, 구체적이고 세세하게 유체이탈 체험을 묘사했다. 임종자각을 경험하는 사람들이 저세상을 간단하고 막연하게, 때로는 빛이 있다는 정도로만 묘사하는 것과는 대조적이다.

클레어

클레어는 스물세 살이었다. 두통이 생기기 시작했을 때는 초등학교 2학년 담임교사로 막 교직생활을 시작하던 참이었다. 새로운 업무를 익히느라 바빴던 탓에 클레어는 두통쯤이야 하고 무시했다. 겨울 내내 감기가 끊이지 않았다. 몸이 고달픈 경우에는 흔히 있는 일이겠지만 그래도 그해 감기는 별나게도 오래 그녀를 괴롭혔다. 12월에는 독감까지 걸렸다.

봄방학이 되자, 그녀의 어머니가 클레어를 데리고 병원을 찾았다. 클레어는 급성 백혈병에다 몇 달을 넘기기 어려울 거란 진단까지 받았다.

다행히도 예상은 빗나갔다. 첨단의 실험적인 치료법 덕분에 병세가 더는 진행되지 않고 소강 상태에 접어들었던 것이다. 클레어는 교사를 그만뒀지만, 아이들과 함께할 다른 방법을 찾았다. 그녀는 입원해 있는 동안 틈틈이 아동병동 개인교사로 일했다.

5년 뒤, 다시 병세가 악화되기 시작했다. 결국 클레어는 치료를 포기하고 부모님 집으로 옮겨가 호스피스 간병을 의뢰했다.

나는 그 집의 피아노 위에서 젊고 건강했던 클레어 사진을 볼 수 있었다. 사진 속에서 그녀는 숱 많은 빨간 머리를 길게 늘어뜨린 채 바닷가에서 자전거를 타고 있었다. 하지만 이제 그녀에게 남은 건 몇 옴큼 안 되는 머리카락, 수척하고 쇠약해진 몸과 부은 얼굴뿐이었다.

그녀는 휠체어나 거실 소파에 앉아 시간을 보냈다. 그녀처럼 교사였던 어머니는 클레어를 돌보기 위해 장기 휴가를 냈다. 어머니의 병구완은 훌륭해서 클레어가 '롤러코스터 탄 기분'이라고 부르던 것을 극복하는 데도 도움이 되었다.

중병을 앓는 사람들 대부분은 클레어가 말하는 감정의 기복이 뭔지 잘 알고 있다. '떠 있는' 날에는 치료가 효과를 보는 것 같아서 병세가 금방이라도 호전될 것처럼 느낀다. 왠지 자신감이 넘치고 흥분되고 완쾌될 것 같은 예감에 사로잡히는 것이다.

"하지만 병세가 악화되기라도 하면 오만 가지 부작용을 겪지요. 그래서 그게 암보다 먼저 날 죽일 것 같다는 느낌까지 받아요. 그런 날은 정말 '가라앉죠.'" 클레어가 말했다. "그냥 완전 통제불능 상태에서 내리막길을 질주하는 느낌이죠. 어렸을 때 청룡열차를 타던 바로 그 느낌이에요. 위로 올라가면 신나지만 무섭죠. 그만큼 밑으로 떨어지리란 걸 알고 있으니까요. 내리막은 땅으로 추락할지도 모른다는 두려움과 메슥거림의 조합이고요."

오빠 샘 역시 클레어를 지탱해주는 버팀목이었다. 클레어보다 세 살 위로 활동적이고 재치 있는 그는 언제나 클레어에게 정감어린 장난으로 기분을 바꿔주려 애썼다.

하루는 클레어가 케네스 링의 책 〈오메가를 향하며〉를 내게 보여주었다. 그건 임사체험이 가치관과 행동양식에 미치는 영향을 깊이 있게 다룬 책이었다.

"오빠가 이걸 갖다 줬어요. 제가 읽어봤으면 좋겠다지만, 왠지 좀 무서울 것 같아요. 오빠는 선생님이 어떻게 생각하시는지 물어보라고 하던데. 읽어볼 만한가요?" 그녀가 말했다.

나는 그 책을 즐겨 읽었던 터라 아주 재미있는 책이며 클레어에게도 유용할 거라 말해줄 수 있었다. 그 책을 읽고 함께 이야기할 수 있으면 좋겠다고 하면서.

다음 번 방문했을 때, 클레어는 책을 읽긴 했지만 몇 가지 의문이 있다고 했다. 그녀는 내가 그 이야기들을 사실이라고 생각하는지, 사람들이 꾸며낸 건 아닌지, 그들이 마약 같은 걸 복용한 건 아닌지 물었다.

"그건 링과 다른 전문가들이 수백 명의 경험을 조사한 거예요. 그런 질문에 대해서는 책에서 직접 답하고 있지 않나요?" 내가 반문했다.

"그렇긴 해요." 클레어가 씩 웃으며 말했다. "그냥 선생님 생각을 알고 싶어서요. 대체로는 믿음이 가지만 그래도 좀 의심스러워서요. 전 그런 경험을 한 사람을 본 적이 없거든요. 선생님은 보셨어요?"

"그럼요. 나도 그런 경험을 했는걸요."

"우와!" 그녀가 탄성을 질렀다. "어떻게요?"

"10대 때 물에 빠져 죽을 뻔한 적이 있죠. 사람들이 날 끌어냈을 때 이미 내가 죽은 줄 알았대요. 그런데 누군가가 날 살려냈죠."

"그럼 선생님도 임사체험 같은 걸 하신 건가요?"

"수영하는 중에 쥐가 났어요. 처음에는 쥐가 풀릴 때까지 떠 있을 줄 알았죠. 그런데 물살이 생각했던 것보다 셌어요. 그래서 살려 달라고 소리를 질렀는데 아무도 듣지를 못했죠. 파도가 덮쳐오자 공포스러웠어요. 물속을 오르락내리락하면서 더 멀리 떠내려갔는데, 굉장히 무서웠어요. 숨이 막히고 가슴이 터질 것 같더니, 수면 위로 떠오르지도 않는 거예요. 물만 들이키면서 죽는구나 했죠.

근데 갑자기, 그야말로 순식간에 모든 게 변했어요. 공포가 사라지고, 숨을 쉬려고 발버둥치지도 않았어요. 난 따뜻하고 밝은 빛에 둘러싸인 채, 더할 수 없이 평온한 기분을 느꼈어요. 나를 감싼 빛은 내 일부가 되었죠. 보이지는 않았지만 난 하느님의 존재를 느꼈어요. 내가 죽어가고 있다는 것을 알았지만 그것도 전혀 상관없었어요."

나는 눈물이 그렁그렁한 채 말을 멈췄다. 클레어가 내 손을 잡았다.

"그 이야기를 하면 마치 그때로 되돌아간 것처럼 모든 게 생생해요. 그 정도로 강렬한 체험이었어요."

나는 눈물을 닦으며 그녀에게 말했다. 지금 클레어가 내 마음에 흐르던 눈물을 닦아준 것이라고.

"제가 선생님 눈물을 닦아드린 적은 한 번도 없었죠…… 그건 선생님이 저한테 해주시는 일이었잖아요. 그 이야기 정말 고마워요. 그럼 선생님은 그게 뭘 뜻한다고 생각하세요?" 그녀가 물었다.

"호흡을 멈추니까 모든 게 변하더군요. 그 순간 나는 죽어서 이승에서 저승으로 간 거죠. 그 빛은 하느님이었고, 나는 평온하고 사랑받는 느낌이었어요."

"그것이 제게 일어날 일인가요?"

나는 그녀의 경험도 그와 비슷하긴 하겠지만 완전히 똑같지는 않을 거라고 일러주었다. 내 생각에 그녀는 좀 더 서서히 시간을 두고 동시에 두 곳을 자각하는 경험을 할 거라고 말했다.

두 달 뒤 클레어는 죽었다. 마지막 주, 완전히 기력을 상실한 상태에서 그녀는 사람들 너머를 바라보고 있었다. 샘은 내게 그녀가 뭘 보고 있는 것 같냐고 물었다.

"클레어, 뭘 보고 있어요?" 내가 물었다.

"그곳이요. 아시잖아요, 선생님도 계셨던 곳 말이에요." 그녀가 말했다.

"클레어, 거기는 어떻게 생겼어?" 샘이 그녀의 뺨에 손을 얹으며 물었다. "내게도 얘기해줘야 해."

클레어가 오빠의 손에 얼굴을 기대며 미소를 지었다.

"설명을 못하겠어." 그녀가 말했다. "오빠 차례를 기다려."

어쩌면 그 대답이 정답일 수도 있겠다. 죽을 차례가 되기 전까지 우리는 알 수 없다. 그러나 그때까지는 그것을 먼저 보고 전해주는 사람들의 메시지에서 위안을 얻을 수는 있다.

저세상에 대한 언급은 놓치기 쉽고 알아듣기 어렵다. 사람들은 자주 어떤 장소를 언급하거나, 집에 있으면서도 집으로 돌아가고 싶다는 소망을 피력한다. 그런 경우에는 "어느 집 말이야?" 하고 물어본다. 누군가가 곧 죽을 거란 이야기를 할 때도 물어본다. "저세상으로 갈 거란 말이니?" 혹은 "떠날 채비가 됐다는 뜻이야?" 하고. 그냥 "곧 죽을 거라는 말인가요?"라고 물어도 괜찮다.

죽어가는 사람이 저세상에 대해 언급하면, 그것에 대해 이야기하고 싶은지 부드럽게 물어본다. 많은 이야기를 들을 수도 있지만 듣지 못할 수도 있다. 그렇더라도 그 과정에서 서로 위안이 될 것이다. 죽어가는 사람들은 죽음 너머에도 삶이 계속될 수 있음을 우리에게 알려준다. 그들은 삶의 마지막 시간에 다른 세상을 드나들면서 따뜻하고 평화로운 죽음의 공간을 일러주는 것이다.

8.

"사랑해요, 자상한 아빠가 되어주셔서 고마워요."

언제 죽을지 안다

"그쯤이 될 거야."

죽어가는 사람들은 자신이 언제쯤 죽을지 안다. 때로는 날짜와 시간까지도. 놀라운 사실은 그걸 알아도 전혀 두려워하지 않고 묵묵히 받아들인다는 점이다. 사망시각에 관한 정보를 알려주려는 이들의 시도는 분명하고 직접적일 때도 있지만, 때로는 막연하고 알아듣기 힘든 탓에 놓치거나 무시되기도 한다.

덕

덕은 20대 후반이다. 스포츠광 집안의 타고난 운동선수였던 그는 고등학교와 대학교에서 풋볼선수로 활약하다가, 나중에는 모교의 풋볼팀 코치가 되어 고향으로 돌아왔다.

코치로 2년 남짓 근무했을 때, 목에 넓게 퍼져 있던 림프선 혹이 림프종인 것으로 밝혀졌다. 그는 6개월에 걸친 화학 치료를 거의 빼먹지 않고 잘 견뎌냈다. 그러나 암은 재발했고, 이번에는 몸 여러 군데로 번졌다. 치료는 실패했다.

혼자 힘으로 몸을 돌볼 수 없게 되자, 그는 부모님 집으로 들어왔다. 그는 호스피스 프로그램에 등록했고, 몹시 쇠약해져 있었지만 그런 대로 잘 버텼다.

한 동네에 사는 그의 형제들이 자주 집에 들렀지만, 간병은 주로 그의 부모가 맡았다. 그런 와중에 막내 여동생 제인마저 암진단을 받았다. 그녀는 치유 가능성이 높은 편에 속했지만, 그래도 덕이 동요할까 봐 가족들은 그에게 알리지 않기로 했다.

어느 토요일 저녁이었다. 덕의 아버지가 호스피스 센터로 전화를 걸어왔다. "뭔가 좀 이상해요." 그가 말했다.

죽어가는 사람들을 대하는 나로서는 그런 말을 들으면 바짝 긴장해야 한다. 환자나 그 가족들이 뭔가 이상하다고 생각하면서도, 정확하게 표현하지 못할 때가 있기 때문이다. 실제로 그런 전화를 받고 달려가 보면 알아차리기 어렵지만 중대한 변화가 있는 경우가 많다. 때로는 숨을 거두기 직전일 때도 있다.

하지만 이번에는 아무런 변화도 찾을 수 없었다. 덕도 그의 부모도 뭔가 이상하다는 느낌 외에 뭐가 '잘못된 것'인지는 설명하지 못했다. 어쨌든 나는 덕과 이야기를 나눠보고 몇 가지 간단한 진단을 해본 결과, 그리 심각한 상태가 아니라고 판단했다. 덕은 곧 잠이 들었고, 부모는 나한테 차를 한 잔 대접하고 싶다고 했다. 나는 차를 마시며 형과 여동생들은 언제 또 올 거냐고 물었다.

"애들은 저녁도 먹고 풋볼경기도 볼 겸 내일 오후에 집으로 올 겁니다. 이 집 식구들은 하나같이 풋볼에 미쳐 있다니까요! 오늘 덕이 한 것 좀 보세요."

그녀는 덕이 그린 풋볼경기 배치도 한 장을 내게 건넸다. 거기에는 두 팀의 각 선수들의 움직임이 원과 화살표로 표시되어 있었다.

한 팀의 선수들을 나타내는 여섯 개의 원에는 덕과 부모, 나머지 3남매의 이니셜이 적혀 있었다. 막내 제인의 원이 긴 화살표로 경기장 바깥쪽을 향해 그어져 있었지만 장외로 나간 건 아니었다. 하지만 덕의 원은 화살표가 경기장을 가로질러 장외로 나가 있었다. 게다가 그는 거기에 "일요일 정오 무렵 게임 종료."라고 휘갈겨 써 놓았다.

나는 그림을 유심히 살펴보았다.

"좀 이상하게 들릴지 모르겠지만 이걸 무심히 넘겨서는 안 될 것 같은데요. 덕은 내일 정오 전에 뭔가 중대한 일이 일어나리란 얘기를 하는 것 같아요."

"'뭔가 중대한 일'이라니 무슨 말씀이세요?"

"잘은 모르겠지만, 그의 건강 상태에 변화가 있거나 어쩌면 사망할 수도 있어요."

처음에는 미심쩍어하던 부모의 얼굴에 갈수록 걱정스런 빛이 짙어졌다.

"덕한테 그림 설명을 부탁해보면 어떨까요? 아무래도 본인의 말을 듣는 게 젤 낫겠죠." 내가 말했다.

"그 애를 깨우고 싶지 않아요. 덕이 죽을 준비가 되어 있다는 건 알고 있어요. 그런 뜻이라면 우리도 준비가 되어 있어요. 또 뭔가 달라지거나 하면 선생님께 언제든지 전화 드릴 수 있고요. 아무튼 내일 애들한테는 좀 더 일찍 오라고 해야겠네요."

아침이 되었다. 덕은 평소보다 조용해진 것 말고는 달라진 게 없었다. 오전에 도착한 가족들 모두가 그의 곁에서 시간을 보냈다. 정오가 되기 전까지만 해도 덕은 어머니와 이야기를 나누었다. 그러던 그가 갑자기 안절부절못하고 불편해하더니 어머니에게 베개를 고쳐 베게 해달라고 부탁했다. 숨쉬기가 힘든 것 같았다. 그는 잠시 눈을 감더니 그대로 숨을 거뒀다.

내가 도착했을 때 그의 어머니가 물었다. "정말 평온해 보이지 않아요? 저 애는 이런 일이 일어날 걸 알고 있었나 봐요."

덕의 직접적인 사망 원인은 암이 아니었다. 응고된 혈액이 폐로 흘러 들어간 것이 치명적인 사인으로 밝혀졌다. 이것은 덕으로서도 예견할 수 있는 상황이 전혀 아니었다.

"사람은 죽음이 가까워지면 자기가 죽을 걸 누구보다도 잘 알게 되나 봅니다. 나로서는 그 애가 그림으로 우리한테 미리 알려준 게 무척 고맙지요." 그의 아버지 말이었다.

덕의 그림에 어떤 의미가 있기는 했을까? 그는 정말 자신의 사망 시각을 알았고, 가족들에게 친숙한 풋볼경기라는 상징을 써서 그것을 전달하려 했던 걸까? 가족들이 제인의 병을 알려주지 않았는데도, 동생이 암에 걸린 걸 알고 있었을까? 어쩌면 그랬을지도 모른다.

상징적이었던 그림은 그의 가족이 열광하던 관심 분야와 일치하면서도, 또 그만큼 간과되기 쉬운 것이었다. 그러니 죽어가는 이의 모든 것을 눈여겨볼 필요가 있다. 죽음으로 다가가는 사람의 말과 몸짓, 심지어는 휘갈겨놓은 낙서까지도. 덕이 전하려던 메시지를 미리 알게 된 가족들은 그의 죽음을 좀 더 잘 준비할 수 있었다.

마이클
선천성 근위축증을 갖고 태어난 마이클에게는 아무리 사소한

동작이라도 움직이는 것 자체가 고역이었다. 그러나 그는 밝은 성격에 똑똑하고 창의적인 청년이었고, 의지력도 강해서 한번 결심하면 좀체 흔들리지 않았다.

"몸이 협조를 안 해주니 저로선 정신에 더 의지할 밖에요."

마이클은 허약한 건강 상태 때문에 전염병에 걸리기 일쑤였다. 가벼운 감기에 걸려도 어느새 폐렴으로 발전했다. 그러다보니 지역 병원의 단골이어서 의사와 간호사 중에 그를 모르는 사람이 없었고, 또 그를 칭찬하지 않는 사람도 없었다. 나이를 먹을수록 장애가 심해지면서 감염도 잦아졌다. 의사들은 갈수록 떨어지는 그의 체력과 선천적으로 약한 폐를 걱정했다. 감염이 조금만 심해도 치명적일 수 있다는 것이다. 그러나 이 정도로 기가 꺾일 마이클이 아니었다. 그는 여전히 대학에 진학할 계획을 갖고 있었다.

여러 번의 입원으로 고등학교를 졸업했을 때 마이클의 나이는 이미 스무 살이 다 되었다. 그는 주립대학의 입학허가를 받고 그야말로 의기충천했다. 부모는 걱정이 태산 같았지만, 그는 '보통 아이들처럼!' 대학생활을 할 수 있다고 설득했다.

결국 부모는 그의 뜻을 따라주기로 했다. 휠체어에 매인 몸이었던 마이클로서는 샤워를 하거나 옷을 갈아입는 데에도 다른 사람의 도움이 필요했다. 또 폐에 울혈이 생기는 걸 예방하려면 하룻밤에 두 번씩은 자세를 바꿔줘야 했는데 이 역시 남의 도움 없이는 할 수 없는 일이었다.

"걱정 마세요. 전 휠체어를 탄 람보잖아요! 제가 방법을 찾아볼게요." 그는 부모에게 장담했다.

마이클은 곧 친구들 중에서, 교대로 자기를 도와줄 캠퍼스 내 서포터그룹을 만들었다. 기숙사 친구들은 밤에 그가 자세 바꾸는 걸 도와주려고 알람시계를 맞춰놓았고, 학생진료실의 간호사들 역시 마이클에게 눈을 떼지 않고 필요하면 언제든 진료실에 와 있게 했다. 단짝 친구들은 '간호사들이 그를 제대로 돌보는지 확인하기 위해서' 그와 함께 진료실에서 밤을 새는 수고도 마다하지 않았다. 이 패거리가 어울려 다니는 곳이면 어디나 왁자지껄한 웃음소리가 따라다녔고, 간호사들은 '마이클네 파자마 파티'를 한 번도 거절한 적이 없었다.

대학에서의 첫 해 동안 사소한 위기들이 있었지만 어쨌든 마이클은 살아남았다. 그러나 그 이듬해 유행성 독감이 캠퍼스 전체에 번지자 마이클도 감염되고 말았다. 독감은 금세 폐렴으로 진전되어, 즉시 병원으로 이송되었다. 마이클은 전에도 여러 번 심하게 앓았던 적이 있지만 늘 이겨냈다. 그리고 마이클이 또다시 항생제 치료에 차도를 보이자, 모두들 안도의 숨을 내쉬며 일상으로 돌아갔다. 그런데 낙관적인 진전이 이어지던 어느 날, 직장에 있던 그의 아버지는 마이클에게서 뜬금없는 전화를 받았다.

"아빠, 사랑해요. 자상한 아빠가 되어주셔서 고마워요."

"마이클, 오늘 저녁 퇴근하면 볼 텐데 뭘."

"아아, 아빠. 그때는 아빠한테 말씀을 못 드릴 거예요."

아버지는 마이클의 병실을 늘 가득 메우고 있던 청년들을 떠올리며 단둘이 이야기할 시간이 없다는 말이라고 생각했다.

"사랑한다, 마이키. 너도 착한 아들이야. 나중에 보자."

마이클이 오후 내내 어머니와 형, 친구들에게 비슷한 안부 전화를 했다는 걸 모르는 아버지는 이렇게 말하고 전화를 끊었다. 그날 저녁 그들이 병원에 도착했을 때 마이클은 이미 혼수상태에 빠져 있었다. 그는 그날 밤 사랑하던 사람들에게 둘러싸여 숨을 거뒀다.

마이클의 가족은 그들에게 주어졌던 정보를 그만 놓치고 말았다. 성의나 관심이 없어서가 아니라 그 얘기가 얼마나 중요한지 알아채지 못했기 때문이다. 분명하게 주어지는 정보도 놓치고 잘못 해석되기 쉬우니 포착하기 어려운 미묘한 메시지라면 얼마나 쉽게 간과되거나 잘못 이해될까.

일자

"어머니는 정장을 차려입고 화장까지 하고 선생님을 만나겠다고 하시네요. 좀 기다려주시겠어요? 어머니가 준비하시는 동안, 제가 선생님을 접대하라는 특별지시를 받았거든요. 거실에서 차 한 잔 드릴게요." 베티가 나를 맞으며 해명했다.

우리가 화사한 볕이 가득 들어오는 퇴창 앞에 마주 앉았을 때는 화창한 8월 아침이었다. 나는 어머니에 대한 얘기를 들려달라고 청했다.

"어머니는 작고 연약해 보이지만 대단히 독립적이고 가치관이 뚜렷한 분이죠. 어머니와 아버지는 2차대전 발발 직전에 독일을 떠나오셨대요. 옷 몇 벌만 등에 걸머지고서요. 전 여기서 태어났어요. 자리잡기까지 어려운 고비가 많았는데, 그래도 해내셨어요. 아버지가 사업을 벌여 성공하셨죠. 아버지는 제가 여섯 살 때 돌아가셨으니 전 순전히 어머니가 키운 셈이에요. 어머니는 작년에 은퇴하실 때까지 회사를 운영하셨는데, 병이 들어서였어요.

어머니가 결장암 진단을 받았을 때 우리와 같이 살자고 말씀드렸지만, 짐이 되고 싶지 않아서인지 아니면 필라델피아에 있는 집을 떠나고 싶지 않아서인지 거절하셨어요. 친구들과 헤어지고 싶지도 않으셨겠죠. 그런데 지난달 생각이 바뀌었다고 전화를 하셨어요. 필라델피아를 떠나고 싶지 않으셨을 텐데, 그걸 모르지 않는 저도 마음이 아프죠. 그래도 우리집에 모시게 되어 다행이에요. 혼자 사시는 게 정말 걱정스러웠거든요."

나는 간병은 어떻게 해왔냐고 물었다.

"개인 간호보조원을 고용하고 있어서 제가 직접 씻겨드리거나 하진 않아요. 처음에는 그것도 신경 쓰이더라고요. 전 그런 게 전혀 부담스럽지 않거든요. 제가 직장을 다니는 것도 아니고, 아이들도 다 커서 학교를 다니고요. 그래도 전 어머니 뜻에 맞춰드리기로 했어요. 어머니한테는 당신 의사대로 결정하는 게 더 중요한 것 같았으니까요."

나는 어머니의 결정권을 어느 정도 유지할 수 있게 배려해준 것이 최상의 선택이었다는 데 동의했다. 딸랑딸랑 도기 방울소리가 들렸다.

"준비되셨나 봐요!" 베티가 웃으며 서재로 안내했다. 일자는 벽난로 옆 의자에 기품있는 자세로 앉아 있었다.

"기다리게 해서 미안해요." 악수를 하며 그녀가 매력적인 독일 억양으로 말했다. "병 때문에 내가 좀 느려졌나 봐. 그래도 우리 딸을 사귈 기회는 되었을 거예요. 훌륭한 아이죠. 쟤네 식구가 이 멋진 집으로 이사한 지 1년밖에 안 됐는데, 실내장식을 저 애 혼자서 다 했다네요!"

일자가 "베티! 네가 만든 크리스마스 화환 보여드렸니?" 하고 물었다. "나는 독일에서 태어났어요. 온갖 크리스마스 전통들이 처음 시작된 나라 말이에요. 우리는 벌써 그 축제일을 준비하고 있어요. 아직 몇 달 남았지만! 크리스마스는 우리 가족한테 1년 중 제일 중요한 날이었어요. 사실 그만큼 경사스러운 날이잖아요."

일주일에 한 번 방문할 때마다 일자는 가장 최근에 만든 크리스마스 기념작품을 나한테 보여주라고 베티에게 주문했다.

"저도 이번이 어머니한테는 마지막 크리스마스가 될 거라고 생각하고 있어요. 그래서 이번 크리스마스를 어머니 생애에 가장 근사한 날로 만들어 드리려고요. 그래도 가급적 이런 생각은 안 하려고 해요. 어머니가 안 계시는 크리스마스란 상상도 못할 일이에요. 어머니는 언제나 모든 축제의 중심에 서 계셨죠." 베티가 슬퍼하며 말했다.

10월이 되자 더욱 쇠약해진 일자는 더 많은 시간을 병상에서 보내게 되었다. 그녀는 좀체 아프다는 내색을 하지 않았지만 더는 장식품에도 관심을 보이지 않았다. 베티는 어머니가 말이 없어지고 의기소침해지고 우울해진 것 같다고 알려왔다.

"제가 아무리 기운도 차리고 기분도 내시라고 부추겨도 그게 오히려 어머니를 더 가라앉게 만드는 것 같아요."

우울증은 죽어가는 사람이 상실감에 대처하는 정상적인 과정이다. 다른 감정처럼 우울증도 존중되어야 한다. 내가 이렇게 설명하자 베티는 마음을 놓았다. 대신 어머니 옆에 그냥 앉아 있기만 해도 된다고 조언했다.

"어느 날인가는 크리스마스가 슬픈 날이 될 수도 있겠다는 말씀을 하셨어요. 아마 올해가 우리하고 같이 지낼 마지막 크리스마스가 되리란 걸 아시는 거겠죠."

베티의 슬픈 어조에 내가 대꾸했다.

"그래요. 그럴 수 있겠네요. 근데, 어머님이 바로 그날 돌아가실 거란 말씀일 수도 있어요."

베티는 이런 해석에 놀랐는지 약간 동요하길래, 내가 덧붙였다.

"사실 그런 얘기를 하기엔 좀 일러요. 그냥 지금까지 해온 대로 잘 보살펴드리세요. 매일 마지막이라고 생각하면서 최선을 다하시면 될 거예요."

일자는 축제일이 다가올수록 점점 더 기력을 잃었다. 그녀는 임종을 맞기 위해 호스피스 병동에 입원하기를 원했다. 베티는 진심으로 집에서 모시기를 원했지만, 어머니의 뜻을 존중했다. 일자가 입원한 것은 12월 20일이었다.

며칠 후 베티와 그의 가족은 병원을 방문해 캐롤도 부르고 흥겨운 분위기를 즐기며 크리스마스 이브를 보냈다. 그들이 떠날 준비를 하자 일자는 집안에 숨겨둔 선물을 찾아보라고 딸에게 속삭였다. 10월에 간호보조원이 어머니 대신 선물을 사고 포장을 해서 숨겨놓았다는 것이다. 이 말을 듣고 가슴이 뭉클해진 베티가 일자에게 입을 맞추었다. 집으로 향하면서 그들은 모두 일자에게 즐거운 크리스마스가 되기를 빌었다.

다음날 아침, 각자 자기가 받은 선물을 풀어보고 병원으로 출발하려던 참에, 전화벨이 울렸다. 일자가 방금 사망했다는 전갈이었다.

나는 그 다음날 베티를 방문했다. 그녀는 눈물을 흘리며 열 살짜리 자기 아이가 한 말을 들려주었다. "이제 크리스마스는 할머니 기일이 되겠네요. 있잖아요, 엄마, 그러니까 할머니는 언제나 우리하고 같이 있는 거예요!"

베티는 "어머니가 10월부터 나에게 일러주셨던 게 고맙죠. 전 그걸 계속 다른 식으로 생각했지만요. 그런 말씀을 안 하셨더라면 하필 크리스마스에 돌아가셨다고 괴로워했을 텐데. 어머니는 당신이 돌아가시리란 걸 미리 알고 계셨고 제가 준비하고 있기를 바라신 거였어요."라고 말했다.

자신의 임종시각에 대한 일자의 확실하지만 미묘한 말들은 아무것도 바꿔놓지 못했다. 그렇더라도 그녀의 딸과 가족들이 그럴 가능성에 대해 각오할 시간만은 허락한 셈이다. 그들은 어렴풋하게나마 생각을 하고 있었기에, 졸지에 죽음을 맞았을 때보다 더 마음이 편하고 긍정적으로 죽음을 받아들일 수 있었다.

니콜라스

처음 그를 만났을 때 니콜라스는 "난 아메리칸 드림을 이룬 사람이오." 하고 말했다. "이 빌어먹을 암에 걸리기 전까지는 난 모든 것을 갖춘 남자였지. 결혼 잘했지, 성공한 자식 셋에, 큰 저택과 시내에 최고급 그리스 식당도 있으니까. 우리 종업원들은 그냥 종업원이 아니오. 그들은 우리 식구지."

가난한 그리스 이민자의 아들 닉은 정말 성공한 사람으로서 많은 사람들의 존경과 사랑을 받고 있었다. 쉰다섯에 위암에 걸리자 수십 명의 친구들이 간병을 도왔다. 하지만 먹기만 하면 치오르는 구역질 때문에 아무것도 먹질 못했고, 병세가 악화될 수밖에 없었다.

"아이러니야. 사실 난 배가 하나도 안 고파. 단지 아쉬운 건 먹는 즐거움을 누리지 못한다는 거지. 먹는 게 내 인생의 전부였는데!" 그가 말했다.

"그래도 저이는 식당 요리사한테 저녁식사로 매일 다른 요리를 가져오라고 전화를 해요. 요리사는 닉이 원하는 요리를 해서 날라오죠. 저이가 못 먹는다는 건 세상이 다 아는데, 그래도 여하튼 주문을 해요!" 그의 아내 크리스티나가 말했다.

6월 초, 닉의 행동을 염려하며 크리스티나가 전화를 했다.

"오셔서 저이 상태를 확인해줬으면 좋겠어요. 정신이 혼미해진 것 같거든요."

내가 도착했을 때 그는 아내에게 "당장 폭죽 케이크를 가져오란 말이오." 하고 독촉해댔다. "봤죠, 정신착란 상태예요. 폭죽 얹은 케이크는 우리 결혼기념일인 7월 4일에 요리사가 만들어주던 거예요. 그날은 아직 한 달 이상 남았잖아요. 내가 몇 번이나 설명을 해도 계속 케이크 타령이네요." 크리스티나가 말했다.

주의 깊게 닉을 진찰했지만 이 돌연한 변화를 설명할 원인은 발견할 수 없었다. 나는 닉 자신에게 일어난 일인 만큼 그가 우리보다 잘 알지도 모른다고 말했다. 어쩌면 그들의 결혼기념일 전에 자신이 죽을 거란 메시지일 수도 있는 것이다.

당황한 크리스티나는 가족들을 모두 불러 이 문제를 의논했고, 그들은 그 다음날 케이크를 갖다놓고 축하 파티를 열자는 데 동의했다. 성대한 파티였고, 닉도 별나게 밝고 활기차 있었다. 놀랍게도 그는 구역질 없이 케이크까지 약간 먹었다.

닉은 6월 30일 사망했고 자기 결혼기념일인 7월 4일에 묻혔다. 크리스티나가 나를 껴안고 눈물을 흘리며 말했다.

"파티 때 닉이 나한테 뭐라고 했는 줄 알아요? 그이는 여자로나 아내로나 내가 자랑스럽다고 하더군요. 우리가 함께였던, 그 행복했던 스물여섯 해도 만족스러웠다면서. 그이는 나한테 고맙다고 하더군요. 난 울고 또 울었지요. 나도 그이에게 고맙다고 말했죠. 결혼기념일을 앞당겨 축하했던 게 얼마나 다행인지 모르겠어요. 하마터면 그 멋진 하루를 놓칠 뻔했지 뭐예요."

일자와 니콜라스, 두 사람 모두 우회적인 방식으로 그들이 느낀 특별한 자각, 즉 죽음이 언제 닥칠지를 사랑하는 사람들에게 알렸다. 일자는 의식이 맑았지만, 니콜라스는 사람들이 착란이라고 생각할 만큼 두서없는 행동을 보였다. 두 메시지 모두 놓치기 쉬운 유형이었다.

그렇다면 왜 죽어가는 사람들은 알아듣기 쉽게 말하지 않을까? "나는 몇월 몇일 몇시에 죽을 거요."라고 말이다.

하지만 실제로 죽음에 가까이 다가가지 않은 사람으로서는 알 길이 없다. 다만 죽어가는 사람들은 자신이 언제 죽을지를 알고 있으며, 설령 그렇다 해도 전혀 괴로워하지 않는다는 것을 확실히 알 수 있을 뿐이다.

이런 메시지를 알게 되면 우리는 그 남은 시간을 하고 싶은 일, 꼭 해야 할 일을 하는 데 쓸 수 있다. 그 사람이 살아 있는 동안에 사랑한다고, 고맙다고, 미안했다고, 용서한다고 말할 수 있으며, 그가 나에게 얼마나 소중한 사람이었는지 고백할 수 있는 것이다.

제3부

외롭지 않게, 쓸쓸하지 않게
이별하는 법

9.

"우린 공원에 가야 해."

어린 세 아이를 두고 떠나다

평화로운 죽음을 맞으려면 무엇을 해야 할까? 화해의 필요성을 깨닫는 사람이 있는가 하면, 어떤 장애물을 제거해달라는 사람이 있고, 평온한 죽음을 위한 특별한 환경을 요구하는 사람도 있다. 때로는 임종시각을 선택하거나 곁에 있어줄 사람을 고르기도 한다.

죽어가는 사람들은 자기에게 필요한 것을 깨달으면 걱정에 잠기거나 몹시 서두르기도 한다. 또 중요한 필요를 죽음이 임박해서야 자각한 경우에는 그 문제를 해결하기 위해 죽음을 미루거나 힘겨운 시간을 보낸다.

죽어가는 사람이 걱정하거나 동요하거나 죽음을 늦추면, 환자 자신은 물론이고 주위 사람들까지 당황한 나머지 진정제 투약이란 대응책을 사용하는 경우가 많다. 하지만 그건 문제해결이 아니다. 동요하는 원인을 분석하여 가능한 해결책을 찾아주어야 한다.

우리 역시 죽어가는 사람의 마지막 문제를 해결하는 과정에서 그의 평온한 죽음에 도움을 줄 뿐 아니라 우리 삶의 화해와 마무리를 돌아보게 된다.

안드레아

쾌적한 교외주택 현관으로 들어선 나는 안드레아에게 내 소개를 했다.

"선생님한테 질문할 게 좀 있어요." 그녀가 사무적인 태도로 말했다.

남편 톰은 어린 세 아이들 중 막내를 안은 채 호기심 어린 표정으로 그녀 뒤에 서 있었고, 다른 두 아이는 주방 바닥에 엎드려 그림책 색칠을 하느라 바빴다.

안드레아가 커피포트의 스위치를 켜며 말했다. "우선 선생님이 어떤 분인지 알아둬야겠어요." 우리는 주방 탁자에 마주 앉았고, 나는 경력을 간단하게 이야기했다.

"왜 이런 일을 하세요? 우울한 일이잖아요?" 역시 단도직입적인 질문이었다.

"대답하기 힘든 질문이군요. 이 일에는 비극과 슬픔이 따르기 마련이죠. 저 역시 그런 감정을 느껴요. 하지만 그걸 넘어서면 환자와 그 가족이 생의 마지막을 소중한 기억으로 간직할 수 있게 도와줄 기회도 되죠. 매듭이 있다면 풀고, 끝내지 못한 일이 있다면 마무리 짓는 데 이 시간을 활용하도록 돕지요. 그 과정에서 환자가 소중한 사람들과 그 중요한 순간을 함께 나눌 수 있도록 이끌어주는 일을 하는 거지요.

저는 죽음을 앞둔 사람이 이 특별한 시간을 가장 잘 사용할 수 있도록, 가급적 편안하게 해드리려고 해요. 이건 신체에만 국한되는 게 아니에요. 전 죽음이 슬픔과 고통과 상실만 주는 게 아니라, 출산처럼 온 가족이 긍정적인 경험을 나눌 기회도 된다고 생각해요. 그게 이 일에서 얻는 제 보람이자 기쁨이죠."

조용히 듣고 있던 안드레아가 미소를 지으며 커피를 한 잔 더 따라주었다. 나는 '면접'이 아직 끝나지 않았음을 알아차렸다.

"전 자궁암이에요. 죽을 거라고 하더군요. 죽음이 어떤 건지 알고 싶어요."

나는 이 스물아홉 살 여자의 눈에 두려움이 없다는 데 놀랐다. 게다가 이들 부부에게는 어린 자녀들이 있는 자리에서 이런 문제를 터놓고 이야기하는 것이 특별한 일이 아닌 듯했다.

"저도 죽어본 적이 없으니 제 경험이라고 말할 수는 없지만, 죽어가는 사람들을 돌보면서 제가 보고 듣고 느낀 얘기를 해줄 순 있을 거예요."

"잘됐군요! 그걸 듣고 싶어요."

나는 자궁암으로 겪게 될 몸의 변화부터 이야기했다. 식욕상실과 그로 인한 체중감소, 기력을 잃어가고 대신 통증이 늘어가며 때로는 구역질이 동반될 수 있다는 것을.

그리고 앞으로 더 심해질 통증들을 어떻게 조절해나갈지도 설명했다. 식이요법과 약물치료를 병행할 것이고, 죽기 전 잠깐의 혼수상태로 이어질 졸음과 몽롱함을 경험하리라고 했다. 그녀는 간 기능 부전으로 사망할 가능성이 높지만, 적절하게 조절해주면 힘들지 않게 넘길 수 있다고 덧붙였다.

그녀는 "그렇군요. 그게 제 몸에서 일어날 일이란 말이죠. 그럼 저한테는 어떤 일이 일어나죠?" 하고 물었다.

내가 다른 환자들이 보여준 임종자각에 대해 설명하자, 그녀는 놀라워하며 호기심을 보였다. 무섭고 고통스러운 죽음은 거의 보지 못했다고 장담하자, 안드레아는 내심 마음을 놓는 것 같았다. 나는 안드레아에게 레이먼드 무디 박사의 저서 〈죽음 이후의 삶〉을 건네주며, 추가정보는 거기서 얻을 수 있을 테니 읽어보라고 권했다. 또 임사체험을 할 수도 있고 그 과정을 주위 사람들과 공유할 수 있을지도 모른다고 말하자, 대단히 흥미로워했다.

그렇게 대화를 나누는 데 두 시간이 훌쩍 지나갔다.

"사실 전 호스피스 프로그램에 대해 설명하기로 되어 있었는데 말이죠!" 우리는 소리 내어 웃었다.

"선생님은 제가 꼭 알아야 할 것을 말해주셨어요. 언제 다시 오실 거죠?"

다음 번 방문에서는, 안드레아가 현관까지 나와 나를 맞으며 흥분된 목소리로 말했다.

"그 책을 톰이랑 같이 읽어봤는데, 정말 도움이 됐어요. 몇 단락은 아이들한테도 읽어줬지요. 그런 게 죽음이라면 나도 해낼 수 있을 것 같아요!"

나는 그 말을 듣고 마음이 찡했다. '나도 해낼 수 있을 것 같다!' 라니. '어쩔 수 없이 그래야 한다면 해낼 수 있을 것 같다!'라니. 안드레아가 죽음에 대한 두려움이나 무력감을 극복하는 데 그 책이 도움이 된 건 분명했다.

그녀가 이어 말했다. "푹 빠져버렸어요. 정말로 도움이 되었어요. 그래서 말인데, 저도 어떻게든 선생님을 도와드리고 싶어요. 그러면 선생님은 또 다른 사람들을 도울 수 있을 테니까요. 저 말이죠, 이런 일들이 저에게도 일어난다면 하나도 빼놓지 않고 다 말씀드릴게요. 약속요." 이렇게 해서 우리는 일찌감치 안드레아의 죽음 때까지 유효한 협정을 맺었다.

안드레아와 톰, 그들의 어린 자녀들을 알게 된 것은 기쁨이었다. 그들의 열린 마음과 솔직한 태도, 한 가족으로 함께 어려움을 타

개해나가는 능력에 감탄했다. 나는 그들이 매사에 아이들을 참여
시켜서 일을 처리하고 의논하는 태도를 아낌없이 칭찬했다. 그 이
유는 지금의 비극과 앞으로의 슬픔에 얼마나 잘 대처하느냐가 그
에 달려 있기 때문이다.

그녀가 웃으며 대구했다. "우린 늘 아이들과 함께 해왔죠. 애들
한테는 정직이 최상의 방책이라고 생각하니까요. 하지만 그런 게
아니라도, 일곱 살도 안 된 아이 셋을 발밑에 두고 어떻게 은밀한
대화를 나눌 수 있겠어요?"

어느 날 안드레아가 종이가방 셋을 앞에 두고 거실 마루에 주저
앉아 소리 죽여 울고 있었다.

"이건 애들 육아일지예요. 그 동안 정리할 시간이 없었거든요."
그녀가 종이가방을 가리키며 말했다. 그녀가 나에게 몇 장의 사진
을 건넸다.

"참 깜찍하죠! 애들을 남겨두고 떠나야 한다고 생각하면 얼마
나 마음이 아픈지……. 애들이 절 잊으면 어쩌죠? 전 오히려 그게
더 두려워요. 그래서 애들이 절 기억할 수 있게 특별한 선물을 하
려고요. 좀 도와주시겠어요?"

나도 마룻바닥에 주저앉았다. 우리는 서로 화장지를 건네며 같
이 울었다. 그리고 '엄마와 나'라는 제목을 붙인 세 권의 작은 책자
를 만들기 시작했다. 슬픔으로 진이 빠진 내 마음 한 구석이, 이 젊

고 아름다운 엄마에 대한 감탄으로 채워져갔다.

3주 뒤, 나는 안드레아의 집 근처를 지나게 되었다. 방문 일정이 잡혀 있던 것은 아니었지만 약간의 여유가 있어서 들렀다. 안드레아의 안색은 몹시 창백해 보였지만 반가운 기색이었다.

"어머나! 방금 선생님 생각을 하고 있었는데, 어서 들어오세요."

현기증이 나는지 그녀가 비틀거렸다.

"토할 것 같아요!" 그녀가 희미하게 중얼거렸다.

나는 비틀거리는 그녀를 부축하면서 톰을 소리쳐 불렀다. 안드레아는 내 팔에 안긴 채 기절해버렸다. 우리는 간신히 그녀를 바닥에 눕혔다. 안드레아 주위로 피가 번져갔다. 그녀는 하혈하고 있었다.

톰은 공포에 질려 어쩔 줄 몰라 했다.

"설마 벌써는 아니겠죠! 손써볼 방도가 없을까요?"

"병원에 가서 집중처치를 받으면 하혈을 멈출 수 있을 거예요. 집에서 안정을 취하게 할 수도 있겠지만, 출혈이 너무 심하면 생명이 위험해져요. 부인은 암 치료를 더 이상 안 받겠다고 하셨는데, 이런 상황에서는 우리가 어떻게 해주길 바랄까요?"

"너무 갑작스러워서……. 저 사람은 아직 준비가 안 됐어요. 우리도 그렇고." 그가 흐느끼기 시작했다. "저 사람이 애들한테 해주고 싶어하던 일이 아직 안 끝났어요. 게다가 내가 집안의 살림살이를 넘겨받는 일도 이제야 시작했고요. 시간을 좀 벌 수 있다면,

저 사람은 그렇게 하려 할 거예요. 아직 시간이 필요하니까요."

우리는 서둘러 구급차를 불렀다. 안드레아는 중환자실에 입원했고, 치료와 수혈에 반응을 보이다가 마침내 의식을 회복했다. 내게 면회가 허락되었다.

"안드레아, 깨어나서 다행이에요. 다들 잔뜩 겁에 질렸답니다."

그녀가 내 손을 꼭 잡았다.

의식불명이 되기 전의 그녀 얼굴이 떠오르자, 나는 안드레아가 어떤 경험을 한 것이 아닌가 하는 생각이 들었다. 얘기할 수만 있으면 그걸 얘기해줄 거라 확신했다.

"무슨 일이 있었어요?" 내가 묻자, 머릿속에 든 이야기를 말로 꺼내보려고 애쓰는 모습이 역력했다. 하지만 뚫어지게 나를 응시하는 그녀의 눈에 담긴 복잡다단한 표정을 묘사하기란 나 역시 불가능했다. 두려움일까? 놀라움? 경외감?

"뭐 좋은 일이었나요?"

"그…럼…요." 그녀가 중얼거렸다. "오, 그렇고… 말고요!"

"얘기해줄래요? 한 단어라도 좋으니까."

"못하겠어요." 그녀가 속삭이며 천천히 고개를 저었다. "도저히 할 수가 없어요!"

"그래요. 나중에 말해요…… 의식이 돌아온 것만 해도 정말 기뻐요. 그리고 그건 당신한테 좋은 경험이었을 거예요."

안드레아가 그날 자신에게 일어난 일을 묘사하지는 못했지만, 그때 그녀 주위에 왠지 모를 평화와 고요가 깃들어 있었던 건 분명하다. 안드레아는 곧 퇴원하여 집으로 돌아왔다.

몇 주 뒤 톰이 말했다.

"안드레아는 다른 사람들을 자기 고통과 두려움에서 보호하려고 부러 용감한 척하고 있어요. 그건 저 사람이 사람들을 안심시킬 때 쓰는 방식이죠. 이제 가끔씩은 나한테 안아달라고 할 테고, 우리한테 일어난 이 기막힌 일을 두고 울 수도 있겠죠. 자주는 아니겠지만.

안드레아는 아무 얘기도 안 하지만, 난 우리 아버지 때문에 저 사람이 상처받은 걸 압니다. 장인 장모님이 일찍 돌아가셨기 때문에 둘은 아주 가까웠죠. 친부모 자식처럼요. 아버지는 별로 말이 없는 분인데도 두 사람은 호흡이 잘 맞았어요.

그런데 저 사람이 암에 걸렸다고 말씀드렸더니 아버지가 불같이 화를 내시면서 호통을 치셨어요. 기가 막혀 말도 안 나왔죠. 애들은 또 얼마나 놀랐는지.

안드레아는 '아버님도 나름대로 이 문제를 대처하셔야 할 테니 시간을 좀 드리자. 지금은 너무 당황하셔서 저러시는 걸 거야.'라고 저를 달랬지요."

톰의 목소리에는 날이 서 있었다.

"그런데 몇 주가 지나도 전혀 나아지지 않는 겁니다. 아버지는 가끔 집에 들르셨지만 오래 계시지도 않았고 심통을 부리거나 화만 내셨죠. 하루는 퇴근해서 집에 들어왔더니 안드레아가 울고 있었어요. 저 사람은 흐느끼면서 '아버님이 나한테 화가 많이 나신 것 같아. 내가 죽고 나면 당신 혼자서 꼼짝없이 저 애들을 키워야 할 테니까. 아버님은 내가 원해서 이런 일이 일어났다고 생각하시는 걸까?' 하더라고요.

그 소리를 듣자마자 화가 나서 견딜 수가 없었죠. 당장 전화를 걸어 고함을 질러댔어요. '젠장, 아버지 신경질 말고도 우린 너무 힘들다고요.' 그러고는 전화기를 쾅 내려놨지요. 그 뒤로는 한 번도 안 오셨어요. 정말이지 도무지 그분답지 않은 행동이에요. 어떻게 그렇게 잔인할 수가 있죠?"

내 생각에는 그전까지 아버지의 태도로 보아, 그 역시 당황스러워하는 듯했다. 안드레아를 너무나 아끼는 나머지 그녀를 잃게 되는 상황에 어떻게 대처할지를 몰라서거나, 갑작스런 변화를 받아들이지 못해서가 아닐까.

나는 톰에게 제안했다.

"사회복지 상담사를 만나본 적이 있으니 아실 테지만, 이 문제에 도움을 줄 것 같아요. 제 생각에, 분명 아버님은 지금 이 순간에도 엄청난 고통을 겪고 계실 거예요."

"그럴 수 있겠죠." 톰이 말했다. "복지 상담사가 얘기해 볼 수 있겠군요. 전 아직은 아버지를 만나지 않는 게 좋을 것 같아요."

그의 아버지를 방문한 상담사는, 그가 괴로움에 몹시 피폐해진 데다가 분노와 비탄, 두려움에 압도당해 있다고 알려주었다. 그는 끝도 없이 푸념을 늘어놓았다고 한다. "어떻게 이런 일이 일어날 수 있단 말이오? 기가 막혀 아무 말도 할 수가 없소! 안드레아는 정말 의연하게 처신하지요. 난 그 아이를 정말 좋아해요. 그 애는 내게 다시없을 딸 같은 아이요. 그런데 어린것들을 보면 도저히 참을 수가 없소. 그 아인 정말 훌륭한 엄마이지만, 앞으로 저 어린것들이 어떻게 되겠소? 또 톰은 어떻소? 앞으로 혼자서 무슨 수로 아이들을 보살피겠소?"

상담사는 정기적으로 아버지를 방문해, 그가 자기 감정을 인정하고 두려움에 직면하도록 도와주었다. 안드레아가 급속히 악화되고 있던 터라 한시 바삐 화해가 이루어져야 했다.

그녀는 이제 톰에게 살림살이를 완전히 인계해주고 아이들에게 줄 '엄마와 나' 세 권도 마무리했다. 또 톰이 일하는 낮 시간 동안 아이들을 돌봐줄 아주머니도 고용했다. 그러고 나자 마치 할 일을 다 끝낸 사람처럼 모든 걸 '놓아버린' 태도를 보였다.

안드레아가 이제 늘 침대에 누워 있어야 했기 때문에, 나는 호스피스용 침대가 더 편하지 않겠냐고 권해보았다. 그러나 톰은 "그런 건 원치 않아요. 호스피스 침대에는 나하고 아이들이 누울 자리가 없잖아요!" 하고 반대했다.

더는 몸을 가눌 수 없게 된 안드레아는 대부분 시간을 잠에 빠져 보냈다. 혼미한 상태에서 초조해하는 시간도 늘어났다. 그녀가 두서없이 중얼거리는 말 중에서 "공원에 가야 해."라는 한마디는 분명하게 알아들을 수 있었다. 톰에게 그게 무슨 뜻이냐고 물었다. 그녀의 마음을 편치 못하게 하는 무언가 있는 게 아닌지 걱정스러웠던 것이다.

"저 사람하고 아버지는 늘 애들을 데리고 공원에 산책을 다녔죠. 아버지예요, 저 사람이 기다리는 사람이. 확실해요! 저 사람은 충분히 오랫동안 힘들었어요. 당장 가서 아버지를 모셔와야겠어요. 지금 오실 준비가 되었든 말든!"

눈물이 앞을 가려 아들네 집 계단을 간신히 올라온 아버지는 안드레아를 보자마자 그녀를 안고 흐느꼈다.

"나 왔다. 아가. 미안하다. 날 용서해다오. 난 널 정말 사랑한다. 다시는 떠나지 않으마. 약속할게!"

간신히 "아버님." 하고 대답하는 그녀의 눈꺼풀이 떨렸다.

"내가 오늘 여기 있어도 괜찮겠냐?"

"그럼요. 저희도 그게 좋겠어요." 아들이 대답했다.

안드레아는 그날 저녁 평화롭게 숨을 거뒀다. 그들의 특대형 침대 위에서, 톰과 아이들과 시아버지가 지켜보는 가운데.

소식을 듣고 달려온 나에게, 톰은 안드레아가 숨을 거둔 후 어린 딸이 뭐라고 말했는지 전해주었다. 그 애는 천장을 쳐다보고 손을 흔들며, "안녕, 엄마. 우린 엄말 사랑해요! 근사한 여행 하세요. 그리고 천국에 가면 우리 자리도 맡아두는 거 잊지 마세요!" 하고 큰 소리로 외치더라는 거였다. 그 아이는 엄마와 함께 읽었던, 임사 체험의 하나인 유체이탈 현상을 떠올렸음이 분명하다.

10.

"고마워요, 미안해요, 용서할게요."

화해가 필요한 사람들

임종자각 가운데 빼놓을 수 없는 것은 화해의 필요다. 죽어가는 사람들은 마음의 평화를 얻고자 하는 욕구가 강해진다. 죽음이 가까워지면 사람들은 아직 마무리하지 못한 일이 있음을 깨닫는다. 한때는 대수롭지 않게 여겼던 일이거나, 이미 오래 전에 일어났던 일에서 새삼 아픈 매듭을 깨닫고 풀고자 한다.

그들은 이 문제를 해결하지 않고는 평온하게 죽을 수 없을 것이라 생각한다. 한데 그 문제란 게 대체로 '관계'에 대한 것이라서, 죽음을 앞둔 사람들에게는 다른 사람과의 관계, 혹은 신과의 관계, 심지어 자기 자신과의 관계에까지 화해와 치유의 욕구가 강하게 작용하게 된다.

테레사

스물두 살의 테레사는 뼈암으로 죽어가고 있었다. 그녀는 다섯 살 때 아버지한테 버림받은 두 아이 중 둘째였다. 아버지는 가까이 살면서도 아이들의 양육에 완전히 무관심했고, 오랫동안 왕래 없이 살았다. 테레사는 함께 살던 어머니의 간호를 받고 있었다. 근처 사는 그녀의 오빠도 자주 들러 어머니를 도왔다.

내가 처음 방문했을 때, 그들은 테레사의 아버지를 '아버지'나 '전남편'이 아닌, '그 남자'로 표현했다. 내가 테레사에게 아버지를 만나고 싶지 않냐고 물었을 때, 그녀는 자기와 아무 관계도 없는 사람을 만나서 뭘 하겠냐고 시큰둥하게 반문했다.

테레사에게 가장 큰 문제는 통증과 체중감소였다. 신진대사가 왕성한 젊은 사람들이 흔히 그렇듯, 테레사도 통증을 진정시키려면 제법 많은 양의 진통제가 필요했다. 그래서 통증완화를 위한 대체요법들을 시도해보았고, 명상과 음악치료에서 효과를 볼 수 있었다.

어머니로서는 테레사가 갈수록 야위어가는 모습이 보기 힘겨웠다. 그렇잖아도 테레사는 168cm의 키에 늘 호리호리한 편이었는데, 이제는 보완식마저 거부해 보기가 안쓰러울 정도였다. 침대에 누워 있는 시간도 점점 늘어나 그녀의 어머니는 몇 시간마다 한 번씩 욕창을 방지하기 위해 그녀의 자세를 바꿔줘야 했다.

지난 넉 달 동안, 테레사는 그렇게 죽어가고 있었다. 그녀의 통증은 점점 더해갔고, 그에 따라 복용하는 진통제의 양도 늘어갔다. 그녀의 신체적 통증은 잘 조절되는 편이었는데도 그녀는 여전히 알아듣기 힘든 신음소리를 냈다. 문제가 뭔지를 물어봤지만, 그녀의 말을 알아듣기가 어려워 좀체 단서를 잡을 수 없었다. 그녀의 어머니는 몇 번이나 내게 테레사가 어떻게 여태 살아 있을 수 있는지 물었다. 곁에서 지켜보기에, 테레사는 죽음의 시간을 애써 미루고 있는 듯했던 것이다.

그러던 어느 날, 그녀의 알아듣기 어려운 중얼거림 중에 '아빠'라는 말이 들렸다. 그녀가 아버지를 만나고 싶어하는 것일 수도 있겠다는 생각이 들었다. 그녀에게 그런 뜻이냐고 물었지만 그녀의 대답은 신음소리 속에 묻혀 알아들을 수 없었다. 테레사의 어머니는 아버지에게 전화를 걸어 상황을 설명했다.

그날 오후, 테레사의 오빠가 아버지를 모셔왔다. 그는 테레사 옆에 앉았다. 딸의 손을 잡고서 딸의 이름을 부르고는 더는 아무 말도 하지 못했다. 잠시 후 그가 복잡한 얼굴로 일어서며 말했다. "더는 못하겠소." 그는 병실을 떠나며 어색한 작별인사를 했다.

그런데 아버지가 가고 난 후 테레사의 신음소리가 멈추고 고요해졌다. 그녀는 그런 상태로 있다가 조용히 숨을 거두었다.

테레사가 평온한 죽음을 맞기 위해 필요했던 것이, 남이나 다름

없던 아버지였다고 단언할 수는 없다. 그러나 전날과 달라진 거라곤 그가 왔다간 것뿐이었다. 그래서인지 테레사의 어머니와 오빠는 그녀가 아버지에게서 뭔가를 얻었기에, 그를 만난 후 훌훌 털고 죽을 수 있었던 거라고 생각했다.

테레사는 아주 늦게서야 아버지를 만나야 한다는 사실을 깨달은 것 같다. 하지만 이미 남들이 알아들을 수 있는 의사전달을 할 수가 없었다. 때로는 환자가 바라는 사람을 끝내 알아내지 못하는 경우가 있는데, 그럴 때는 환자가 심한 좌절감을 겪게 된다.

쉴라

그녀를 처음 방문한 날, 나는 투박한 아일랜드 사투리를 쓰는 쉴라의 조카에게서 그녀의 성장배경을 들을 수 있었다.

"고모는 앞날이 창창한 분이었어요. 그 고리타분한 나라에서는 젊고 똑똑한 여성에게 기회가 별로 없었기 때문에, 가족들은 얼마 안 되는 돈을 모아 고모를 미국으로 보냈죠. 아무것도 모르는 열여덟 살의 고모는 그렇게 해서 여객선 3등칸에 몸을 싣고 이 나라로 건너왔어요. 짐짝처럼 사람들 틈에 끼어서요. 그때 살아남은 것만도 기적이지요."

그 세대의 많은 아일랜드 소녀들처럼, 쉴라도 미국으로 건너와 가정부로 일하며 식구들에게 생활비를 보내는 외로운 생활을 했다. 한 남자를 만나 사랑에 빠졌고 딸을 낳았다. 그러나 그 사랑은 오래가지 않았다. 어린 딸 모린과 함께 거리로 나앉게 된 쉴라는 생계를 위해 발버둥쳐야 했다.

"고생스런 시절이었지요. 그러다가 농사꾼인 오말리 씨를 만난 거예요. 고모부는 훨씬 연상이었지만 워낙 성실한 남자라 고모는 그 이후로 쪼들리지 않고 살 수 있게 됐죠. 그런데 모린한테는 얘기가 달랐어요. 고모부는 모린이 일곱 살이 되자 기숙학교로 보내 버리고 일 년에 딱 두 번만 집에 오게 했어요."

"모린은 지금 어디 있나요?"

"모린은 결국 형편없이 되고 말았는데, 그 애 행방은 아무도 몰라요. 그 앤 불쌍한 쉴라 고모의 가슴에 비수처럼 남아 있죠. 고모는 그 애 이름조차 입에 올리지 않아요. 마치 죽은 자식처럼요."

55년 동안이나 결혼생활을 했는데도 쉴라는 자기 남편을 '오말리 씨'나 '그 사람'이라고 불렀다. 그는 말수가 적고 천성적으로 퉁명스러웠지만 80대치고는 놀랄 정도로 활동적이라서, 농장 주변의 허드렛일을 도맡아했다. 둘의 관계는 따뜻하거나 다정한 것 같지 않았고, 그보다는 묵묵히 의지하면서 참고 지내는 관계 같았다. 오말리 씨가 쉴라에게 해줄 수 없는 간병은 입주 가정부가 대신했다.

쉴라는 자궁암으로 죽어가고 있었다. 상태가 악화되면서 그녀는 점점 더 우울해졌고 말이 없어졌다. 먹는 것도 마다하고 슬픔에 잠긴 눈으로 허공만 응시할 때도 자주 있었다.

"저 말이지, 뭘 좀 해줬으면 싶은데……"그녀는 이렇게 말을 꺼내는가 싶더니, 뭔가를 기다리는 것처럼 망설였다.

"누굴 기다리시는 것 같은데, 혹시 모린이에요?"

쉴라의 눈에 눈물이 차 올랐다. 그녀는 그 얘기를 밀어내기라도 하듯이 손을 내젓더니 옆으로 돌아누웠다.

그녀는 다양한 합병증들과 차례차례 싸웠다. 이미 심각하게 쇠약해져서 한 가지 합병증만으로도 곧 죽을 것 같아 보였는데도, 그녀는 근근이 버텼다. 분명 쉴라는 죽기 전 누군가를 보고 싶어 하는 것 같았다.

이 문제를 오말리 씨와 의논해볼 양으로 목사와 사회복지 상담사와 함께 그를 방문했다. "내 집에서 그 따위 얘기를 하다니!" 오말리 씨는 몹시 격노하며 고함을 질렀다. "그 계집애는 태어난 그 날부터 애물단지에 골칫거리였을 뿐이오. 그런 얘기라면 다신 듣고 싶지 않소!" 그는 지팡이를 휘두르며 박차고 나갔다.

그러나 바로 그 주에 쉴라의 사촌 에일린이 때맞춰 목사에게 전화를 걸어, 모린이 몇 달 전 플로리다 소인이 찍힌 편지를 보내왔노라고 말했다. 그 편지에는 어머니의 안부를 묻고, 여러 번 편지를 썼는데도 한 번도 답장을 못 받았으며, 자기가 어머니한테 큰 슬픔을 안겨드렸다는 걸 알고 지금은 자기 인생을 수습해보려고 노력 중이라는 사연이 담겨 있었다. 또 그녀는 어머니를 사랑하며, 늘 걱정만 끼쳐드려 죄송하다는 뜻을 어머니한테 전해줬으면 좋겠다고 쓰여 있었다.

에일린은 쉴라에게 오는 편지를 오말리 씨가 의도적으로 숨겨왔다는 걸 알아챘다. 그녀는 가혹하기 짝이 없던 모린의 유년시절과 독재적인 남편 앞에서 소심해질 수밖에 없었던 쉴라의 얘기를 목사에게 들려주었다. 그리고 모린이 학교에서 도망쳐 히피가 되어 돈을 요구하러 집에 왔을 때 모녀간의 마지막 끈이 끊어졌다는 이야기도. 의붓아버지는 한 번만 더 찾아오면 경찰을 부르겠다고 위협하며 그녀를 내쳤다고 했다.

에일린은 슬픈 어조로 말했다. "쉴라 언니의 가슴이 미어졌지요. 그 후 언니는 모린을 다시는 못 만났고, 애 이름조차 입에 올리지 못했어요. 그게 벌써 20년 전 일이네요. 그 후 모린이 결혼해서 아이를 둘이나 뒀지만 이혼하고 음주벽 때문에 아이들을 후견인에게 맡겨야 한다는 얘기를 들은 적이 있어요."

그 다음날 나는 목사와 함께 오말리 씨를 찾아갔다. 그는 화를 내며 변명했다. "아내를 지키는 건 남편의 의무요!" 이번에는 목사가 쉴라에게 지금까지 있었던 일을 찬찬히 설명했다. 그녀가 눈을 똑바로 뜨고 남편을 분노에 찬 눈빛으로 노려보았다.

"오말리, 당신은 악마예요!"

그 말을 듣자 그는 한 움큼의 편지를 집어던지고는 뛰쳐나갔다. 전부 모린에게서 온 편지였다. 목사가 그걸 읽어주는 동안 쉴라의 야윈 뺨 위로 하염없이 눈물이 흘러내렸다. 그녀는 "그 애를 데려다줘요!" 하고 애원했다.

쉴라는 침대에서 대부분의 시간을 잠을 자며 보냈지만, 딸이 도착하던 그날은 기대감에 부풀어 밝은 얼굴로 깨어 있었다. 사실 모린은 오랜 세월 자신을 학대해온 자취를 여실히 드러내고 있었다. 그러나 모린이 어머니 품에 달려와 안겼을 때, 방안에서 눈물을 흘리지 않는 사람은 한 명도 없었다. 두 사람이 서로 껴안고 말없이 눈물을 흘리는 것이 족히 몇 시간은 되었다.

모린은 오말리 씨가 허락한 시간 이상으로 어머니와 같이 있을 수 없었다. 그가 매일 조금씩 시간을 늘려주기는 했지만, 모녀가 함께 있고 싶은 마음에는 터무니없이 짧은 시간이었다. 그녀는 어머니를 씻기고, 로션으로 발을 마사지하고, 백발의 긴 머리를 부드럽게 빗겨주었다. 그녀는 죽어가는 어머니 옆에 몇 시간씩 앉아 푸딩과 사과소스를 한술 한술 참을성 있게 떠 먹였다. 그건 그들을 다시 묶어주는 귀중한 시간이었다.

어느 날 마침내 오말리 씨가 선언했다. "너, 오늘은 여기서 자고 싶으면 그래도 돼." 모린은 어릴 적 엄마가 불러주던 노래 가운데 기억나는 걸 흥얼거리며 밤새 그녀의 침대 곁을 지켰다. 쉴라는 평화롭게 잠들었고 조용히 혼수상태에 빠져들었다가, 동틀 무렵 모린의 손을 꼭 쥔 채 숨을 거두었다.

호스피스 담당목사는 모린이 어머니의 장례식에 드레스를 입을 수 있도록 헌금함을 털었다. 그런 엄청난 슬픔에도 불구하고, 모린은 3주 전보다 훨씬 더 젊어지고 건강해져 있었다.

아더

아더는 치료에 차도를 보이며 몇 년째 투병해온 암환자였다. 그런데 또다시 재발한 암으로, 그는 작지만 깔끔한 자신의 아파트에서 서서히 죽어가고 있었다. 그는 혼자 살았고 친척도 없었다. 아내는 5년 전에 세상을 떠났다. 그는 아내를 잃은 후 몇십 년 동안 자신이 몸담았던 성공회 신앙에서 멀어져 방황해왔다.

그는 "하느님하고 난 사이가 좋아요. 우리 사이에는 어떤 중개자도 필요 없어요."라고 말하곤 했다. 아더는 자기 건강 상태를 남에게 알리지 않았고, 친구나 의료전문가들이 도와주겠다고 해도 거절했다. 괜히 부담을 주고 싶지 않았던 것이다. 대신 호스피스 센터에는 연락을 했다. 집에서 요양하는 게 어떻겠냐는 의사의 권유와 집에 있을 거라면 호스피스의 도움을 받는 게 좋을 거라는 아파트 관리인의 조언 때문이었다. 그는 처음에 시설에 수용하는 쪽으로 몰아갈까 봐 경계했다. 하지만 여러 가지 이야기를 나눈 후에는 경계심을 풀었다.

"내 상태가 어떤지 봐주고 좀 더 편히 있을 수 있는 법을 가르쳐주세요. 그런 다음에는 그냥 혼자 있게 놔둬도 됩니다!"

병세가 악화되자 그와 함께 있을 사람, 특히 밤에 도와줄 사람을 두라고 거듭 설득했지만 그는 거절했다. 결국 너무 쇠약해져 혼자 있는 것이 안전하지 않으니 밤에는 야간 간호사가 있게 해달라고 아더를 설득했고, 마침내 승낙을 받았다.

아더는 부분 장폐색으로 고통스러워했기 때문에 몇 시간마다 한 번씩 진통제를 놓아 통증을 완화시켰다. 그는 몇 모금의 물이나 보완식조차 참아내지 못하고 게워냈다. 그런데도 그는 가급적 시중을 덜 받겠다고 우겼다.

어느 날 오후, 호스피스 의사가 상태를 점검하기 위해 방문했다. 그녀가 막 떠나려는데 아더가 부탁했다.

"저, 같이 좀 기도해줄래요?"

의사는 아더의 손을 잡고 기도를 올린 다음, 달리 필요한 건 없는지 물었다.

"신부님께 방문을 부탁드리면 폐가 될까요?" 아더가 잠시 망설이다 말했다.

"아니오. 절대 그럴 리 없어요. 오늘밤에라도 모시고 올까요?"

"아닙니다. 오늘밤은 아니고, 내일이 좋겠어요."

다음날 오전 나는 성공회 신부와 함께 갔다. 나는 아더의 상태를 확인한 다음, 그날 방문간호는 다른 곳에 들렀다가 다시 와서 마무리 짓겠다고 말하고는 자리를 떴다. 내가 다시 돌아왔을 때, 그는 신부님을 모시고 와줘서 고맙다고 인사했다.

"신부님께서 한 시간 정도 계셨는데, 정말 즐거운 시간이었어요. 믿을 수 없을 만큼 기분이 가벼워졌답니다. 우린 이야기를 나눴고, 신부님이 사죄기도를 해주셨죠. 성유를 발라 병자성사도 해주셨어요. 이상하게도, 아무것도 달라진 게 없는데 마음은 훨씬 홀가분해졌어요."

그날 저녁 아더가 성체를 모실 수 있도록 신부가 찾아왔다. 그들은 함께 기도를 올렸고, 잠시 이야기를 나누었다. 그날 밤 아더는 편히 잠들었고, 다음날 아침 일찍 조용히 숨을 거두었다.

사실 아더의 상태로 보아 적어도 2주 후쯤으로 사망시간을 예견했다. 그가 죽기 전날도 딱히 주목할 만한 변화는 없었고, 달라진 게 있다면 신부가 찾아왔던 것뿐이었다. 아마도 신부의 도움으로 아더가 한때 깊은 유대를 맺었던 종교로 돌아갈 수 있었고, 그 때문에 그날 밤 그가 편히 숨을 거둘 수 있었던 게 아닐까.

거스

남들 눈에는 이상하게 보이겠지만, 죽어가는 이들을 상대하다 보면 보는 것만으로도 괴로운 그들의 신체적 변모에 익숙해진다. 죽어가는 사람들이 흔히 겪는 심각한 체중감소는 가족과 친구들이 지켜보기에 무척 힘겨운 일이다. 그러나 환자를 알아갈수록 뼈만 남은 앙상한 외모조차도 아름다워 보일 때가 있다!

처음 거스를 방문했을 때, 그를 보자마자 나는 아파트를 잘못 찾았나 했다. 거기에는 50대 초반의 키 크고 잘 생기고 건강 상태가 좋은 한 남자가 서 있었던 것이다. 그는 전혀 야위거나 허약한 모습이 아니었다. 고개가 휘지 않도록 목에 댄 부목만 빼면 그는 건강해 보였다.

"맥주 한잔 할래요? 정오가 다 됐는데! 나는 오전에는 술을 안 마시거든! 이런 젠장, 일어나니 11시 반이더라고요."

그가 사람 좋은 얼굴로 웃어 보였다. 나는 거스가 의지가 강하고 너스레 떨기 좋아하는, 넉살 좋은 사람이라는 걸 알아차렸다. 그는 거친 말씨를 유난히 즐겨 썼다.

암은 위험천만하게도 거스 목의 척수 아주 가까운 곳에 자리잡고 있었다. 그의 진료기록을 검토한 후, 나는 그가 이렇게 기력이 좋은 것에 다시 한 번 놀랐다.

"나는 경찰서에서 병가를 받았습니다. 서장은 나한테 신체장애

휴가를 받으라고 하지만, 천만의 말씀! 난 아직 일할 수 있다고요. 그건 그렇고, 우리 옛날 마누라가 선생님과 통화하고 싶다고 하데요. 그 사람은 저쪽 두 블록 건너에 살죠."

그의 전처 킴은 동네 패스트푸드점에서 만나자고 했다.

"전 6년 전에 거스하고 이혼했어요. 전 그 남자를 사랑하지만 도저히 더는 감당할 수가 없더군요. 그이는 해병대 출신으로 아무리 전투를 해도 성에 차질 않아 했어요. 그 사람은 베트남 참전을 자원했죠. 무려 세 번이나요! 믿어지세요? 나하고 꼬마들만 달랑 남겨놓고요. 그이는 거기 있는 동안 고엽제에 노출됐는데, 우리는 그것 때문에 암에 걸린 게 아닐까 생각해요."

그녀는 눈물을 글썽거리며 말했다.

"마지막 원정을 다녀온 후 사내아이를 얻었는데, 그 애는 석 달만에 선천성기형으로 죽었죠. 그이는 술 마시고 흥청거리는 걸로 풀어버리려 하더군요. 해병대를 그만두고는 경찰에 들어갔는데, 사복경찰로 시내에서 가장 험한 구역으로 근무를 자청했지요. 그것도 좋지 않았어요. 늘 위험 속에서 조마조마하게 살다보니 전 완전히 녹초가 되고 말았죠. 제겐 돌봐야 할 애들도 있었고요. 그래도 우린 가까이에 살고 있고, 애들도 정기적으로 그이를 만날 수 있으니까 그만하면 됐죠.

그런데 그이가 덜컥 암에 걸린 거예요. 그이로서도 치료를 감당하기가 힘들었죠. 게다가 워낙 마구잡이라 버틸 수 있는 한 버텨 보겠다고 고집을 부리더군요. 의사 말로는 이제 그이가 말기라고 하던데, 그 말도 믿으려 들질 않아요! 제가 매일 그이 상태를 보러 가는데 저로서는 애들을 봐서라도 그이가 이 고비를 넘기도록 돕고 싶어요. 애들은 아직 아빠를 잃기에는 어린 나이니까요. 어쩌면 제 자신을 위해서인지도 몰라요. 전 정말 그이를 사랑해요. 다만 같이 살지 못할 뿐이지. 어떻게 이 상황을 헤쳐 나갈지 모르겠어요. 어차피 그건 그이 인생이지만요. 난 그 정도만 말할 수 있을 것 같아요!"

그 후로도 몇 주 동안 거스는 여전히 맥주를 마시고 동료들과 카드게임을 즐기며 배짱 좋고 독립적이고 팔팔하게 자기를 지켜냈다. 그러다가 암이 그의 척수까지 파고들었다. 급격히 전신마비 증세가 찾아왔고, 자리보전을 하고 누운 그는 얼마 안 가 정신이 오락가락하는 상태에 빠졌다. 그는 큰 고통 없이 지냈으나, 얼마 안 가 죽으리란 게 분명했다.

어느 날 근무 중인 간호사로부터 긴급전화가 왔다.

"빨리 와보세요. 다 괜찮은 것 같았거든요. 그런데 좀 전부터 환자가 안절부절못하면서 굉장히 혼란스러워해요. 우리가 이 사람을 감당하기에는 너무 벅차네요."

나는 속으로 '아니, 결국에는 우리가 감당하게 될 거야.' 하고 생각했다. 안 그래도 거스가 강한 사나이의 면모를 얼마나 더 유지할지 궁금하던 차였다. 그도 두려움을 느낄 때가 있을 테니까. 그는 절대 자신의 두려움을 얘기하거나 드러내려 하지 않았지만 말이다.

현장은 난장판이었다. 거스는 괴로운 나머지 고함을 질러댔다. 그가 하는 말은 도무지 갈피를 잡을 수가 없어서 의미를 찾아내기가 힘들었다. 그런데 그런 앞뒤 없는 말들 속에 '마을', '아기들', '네이팜탄', '불에 타' 같은 단어들과 "내가 그랬어, 내가 그랬단 말이야!"라는 말이 들렸다. 그 갈피 없는 말들 중에서 "난 종교에 귀의해야 해!"라는 한마디도 들을 수 있었다.

첫 방문 때, 거스는 내게 단호히 말했다. 자신은 기독교 집안에서 자랐지만, 성인이 된 후로는 종교에 개의치 않는다고. 그래도 그가 호스피스 담당 원목의 방문을 진심으로 반가워했던 터라 나는 다급히 전화를 걸었다.

"목사님, 빨리 좀 와주시겠어요? 제 생각에 이 상황을 수습할 수 있는 사람은 목사님뿐인 것 같아요."

원목이 도착했을 때는 킴과 아이들, 그리고 거스의 부모 형제가 모두 와 있었다. 우리는 원목이 거스와 단둘이 이야기를 나눌 수 있게 해주었다. 처음에는 고함소리가 터져나오더니 몇 분이 지나자 서서히 소리가 잦아들었고, 다시 조용해졌다. 원목이 방으로 가족들을 불렀다.

잠깐 동안, 거스는 맑은 정신을 회복했다. 그는 사람들이 이렇게 모여 있는 데 놀란 듯이 한명 한명을 둘러보고 나서, 원목에게 물었다.

"내가 죽는 건가요?" 그는 거스의 손을 꼭 쥐고 있었다.

"그래요, 거스. 기적이 일어나지 않는 한, 그럴 것 같네요." 원목이 부드럽게 대답했다.

거스는 목사의 눈을 똑바로 쳐다보며 한동안 생각에 잠기더니, "에이, 우라질!" 하고 한마디를 던졌다.

가족들이 지나간 시간들을 회상하면서 그의 곁을 지킨 지 두어 시간이 지났을까. 거스는 조용히 혼수상태에 빠지더니 숨을 거두었다.

이 이야기는 가슴 울리는 사연이 아닐 수도 있다. 거스가 베트남전에서 저질렀던, 차마 입에 담지 못할 악행은 마땅히 비난받아야하기 때문이다. 죽음에 이르러서야 자신의 죄를 뉘우치고 용서를구하는 그 마음이 아쉬운 점도 있다. 하지만 그도 살면서 애써 자신의 과오를 잊으려 노력했는지 모른다. 힘겹게 과거를 외면하느라 부러 강한 척했을지도.

재닌

마흔둘의 재닌은 재능을 인정받은 성공한 화가로 왕성한 작품 활동을 하고 있었다. 그녀는 전남편이 이혼에 합의해주지 않아, 제프와 결혼하지 못한 채 근사한 22층 아파트에서 동거하고 있었다. 그들은 넓게 펼쳐진 도시전경을 즐겼다. 도시경관화로 명성을 얻은 재닌은 자기 집 발코니에서 그림을 그리는 일이 많았다.

인습에 얽매이지 않는 사람인 데다 의지가 강한 그녀는, 치유가 불가능할 정도로 췌장암이 진행되었다는 진단을 받고도 결코 좌절하지 않았다. 그녀는 온갖 민간요법들을 다 시도해보았고, 그런 후에는 멕시코까지 가서 몇 가지 대체의학 치료도 받아보았다.

그녀가 병원에 입원해서 호스피스 센터에 연락을 취한 때는, 이미 어찌할 수도 없을 만큼 암이 진행되어 있는 상태였다. 자신의 죽음을 예감한 그녀는, 마지막 몇 주라도 사랑하는 도시를 바라보며 제프와 함께 지낼 수 있게 아파트로 돌아가고 싶어했다.

재닌의 마지막 귀갓길에 사용할 구급차 예약까지 끝낸 날 밤, 출발을 하루 앞두고 나는 다른 간호사 한 명과 그녀를 찾았다. 우리는 재닌에게 모든 게 다 준비되었으니 이제 곧 도시의 불빛을 즐길 수 있을 거라고 안심시켰다. 그런데 그녀의 눈빛이 흐리고 무표정해져 있었다. 우리는 그녀를 눕히고 베개를 편하게 해주었다.

갑자기 그녀가 환한 미소를 지으며 "창 밖에 강을 가로지르는 빛의 도시가 보여요!" 하고 속삭였다. 걱정이 된 우리는 제프에게, 환자가 평소에 지각할 수 없는 아름다운 장소를 보는 건 죽음이 임박했음을 의미할 수도 있다고 설명하였다.

그러나 재닌은 그날 밤에 죽지 않았다. 그녀는 3주를 더 살았다. 재닌처럼 쇠약해진 환자를 호스피스 병동에서 집으로 옮기는 건 상당한 모험이었다. 우리는 이 요건만 충족되면 그녀가 평화롭게 숨을 거둘 거라고 확신했지만, 그녀의 불안과 초조감은 극복되지 않았다. 결국 재닌은 집으로 옮겨가지 못했고, 병실에 더 머무르게 되었다.

모두가 염려하는 가운데, 그녀는 지루하게 죽음을 끌고 있었다. 우리는 뭘 빠뜨린 건 아닌지, 평온한 죽음을 위해 그녀가 필요로 하는 게 뭔지를 몇 번이나 자문해보았다. 그녀가 중얼거리는 말 속에서 뭔가 분명한 메시지를 발견하기는 어려운 일이었다. 하지만 의미 있어 보이는 한마디를 찾다보니, 재닌이 '반지'라는 말을 자주 입에 올린다는 걸 알 수 있었다.

이게 열쇠가 될 수 있을까? 그렇다면 그건 무슨 뜻일까?

제프가 서글픈 어조로 "내 생각엔 결혼반지를 뜻하는 게 아닐까 싶은데요." 하고 말을 꺼냈다. "재닌은 우리가 결혼식 없이 동거하는 걸 늘 마음에 걸려 했어요. 사실 우린 식을 올리고 싶어했죠. 하지만 재닌의 전남편이 워낙 완강하게 이혼에 합의해주지 않는 바람에 어쩔 수가 없었어요. 그리고 재닌이 법적으로 이혼할 수 있게 됐을 때는 이미 암 선고가 내려져 있던 터라, 그자는 재닌을 병으로 인한 금치산자로 선고받게 하겠다고 협박하더군요. 아시다시피, 그자는 변호사니까, 아마 그러고도 남을 겁니다!"

"이런 곤란한 상황이 재닌을 얼마나 괴롭혔을지 상상이 가는군요."

우리는 목사에게 방문을 청하기로 했다. 재닌에게는 제프가 말해주었다.

"목사님이 오늘 저녁에 들르실 거야. 목사님이 오시는 걸 당신이 얼마나 좋아했는지 기억나? 그분이라면 마음이 편해지도록 우리를 도와주실 수 있을 거야."

재닌은 아무 반응도 보이지 않았다. 목사는 그들의 사정을 잘 알고 있었다.

"재닌은 두 사람이 부부로서 서로에게 헌신해온 데 대해 공식적인 승인을 받고 싶은 것 같군요." 목사의 말에, 제프도 동의했다. 목사는 제프와 재닌 두 사람을 위한 특별예식을 계획했다. 친구들도 예식에 참석할 예정이었다.

재닌이 그 말을 알아들었는지는 알 수 없었다. 제프는 나를 도와 그녀가 가장 좋아하는 잠옷을 입히고 머리를 꽃으로 장식하고 병실을 정리했다. 친구들이 찾아왔고, 제프가 달려 나가 와인과 치즈를 사왔다.

황혼의 어스름이 짙어지고 도시의 불빛들이 반짝이기 시작할 때, 목사가 그 자리에 모인 사람들을 향해 '사랑의 서약을 축복하기 위해 예식을 거행하겠노라'고 선언했다. 재닌이 아직 법적으로 혼인 상태에 있었던 만큼, 그들의 결혼식은 분명 성사될 수 없는 것이었다. 하지만 목사는 개의치 않고 성가가 울려 퍼지는 가운데 그 결혼식을 이끌었고, 제프는 눈물을 흘리며 재닌의 야윈 손가락에 반지를 끼워주었다. 그러자 재닌의 초조하던 기색이 완연히 누그러졌고 눈물 한 줄기가 뺨 위로 흘러내렸다.

예식이 끝나자 하객들은 둘에게 입맞춤과 축하인사를 하고 하나둘씩 병실을 떠났다. 우리는 제프가 재닌과 함께 그날 밤을 보낼 수 있도록 자리를 만들어주었다. 3주만에 처음으로 찾아온 평온한 밤이었다. 다음날 이른 아침, 새벽의 여명이 도시 위로 내려앉을 무렵, 재닌은 제프의 품에 안겨 조용히 숨을 거두었다.

재닌의 장례식에서 제프를 만났을 때, 나는 그를 껴안아주었다.

"당신이 얼마나 멋진 일을 했는지 모를 거예요. 제프, 당신만큼 그녀를 자상하게 돌볼 수 있는 사람은 아무도 없었을 거예요."

"그 사람을 돌보는 건 어렵지 않았습니다. 그 사람 내면의 고통을 지켜보는 게 더 힘들었죠. 재닌은 우리의 결혼식에 집착하고 있었으니까요. 법적으로는 우리가 결혼한 게 아니라는 걸, 저도 알지요. 하지만 우리는 마음으로 결혼했습니다. 나로서는 그 사람을 보내고 싶지 않았던 만큼, 그 사람에게 필요했던 평화를 선물할 수 있어서 정말 기뻐요."

죽어가는 이들은 삶의 마지막 순간까지 타인과의 관계에서 화해를 모색한다. 테레사와 쉴라는 다른 사람과의 관계를 치유해야 했고, 아더와 거스는 신과 화해할 필요가 있었다.

대부분의 사람들이 죽어갈 때면, 자신의 삶이 의미 있었고 세상과 자기 주위 사람들의 삶에 나름의 자취를 남겼다는 느낌을 받고 싶어한다. 그렇다면 죽음에 직면하기 전이라도 때때로 자신의 삶을 점검하고 우리가 이룬 것들을 돌아본다면, 삶에서 더 많은 기쁨과 평화를 찾을 수 있지 않을까? 게다가 '미완의 일'이나 말썽 많은 관계에 대해서도 인정하고 나면, 우리는 죽을 때까지 기다리지 않고도 지금의 삶의 문제를 치유할 수 있지 않을까? 그럴 수만 있다면 아마도 우리 삶은 한층 더 풍요로워질지도 모른다. 그뿐일까? 뒤늦게서야 서둘러 화해를 시도하느라 아슬아슬한 마지막 시간을 보낼지 모를 일을 미연에 방지하게 될 수도 있지 않을까?

11.

"말한테 먹일
여물을 못 찾겠어!"

붙잡힌 사람들

●

처음에는 나도 '붙잡힘'이라는 메시지가 임종자각의 유형에 어떻게 부합하는지 이해하기 어려웠다. 사실 이런 메시지는 지금까지 논의했던 주제와 관련은 있지만, 한편으로는 별개여서 그 나름의 범주와 설명이 필요했다.

그런 메시지는 때로는 한마디에 불과할 정도로 짤막하지만, '꼼짝' 못하고 붙들려 있다거나 평온한 죽음이 방해받고 있다는 느낌을 확실하게 전달한다. 그들의 메시지를 꼼꼼히 살펴본 결과, 그들이 쓰는 용어는 다른 범주의 환자들과 유사하지만, 아직 마무리되지 않은 일에 환자들이 '붙잡혀 있음'을 알 수 있었다. 그것은 대개 화해해야 할 필요, 즉 마무리 짓지 못한 일을 해결하는 것과 관련이 있었다.

버사

버사를 간호할 사람은 전혀 부족하지 않았다. 장성한 일곱 명의 자식과 사위, 며느리들에다 손주들이 엄청 많았고, 교회 친구들도 상당했다. 그녀의 작은 아파트는 늘 각양각색의 얼굴들로 북적댔고, 이웃들도 복도에서 마주치면 버사의 병세가 어떤지 관심있게 물었다. 버사 주위의 사람들은 가난했지만 그녀에 대한 사랑과 관심만큼은 넘쳐났다. 그녀의 병세는 계속 악화되고 있었지만 마음은 평온해 보였다. 그랬던 터라 어느 날 그녀가 초조해하는 것을 발견했을 때, 놀라지 않을 수 없었다.

그녀는 "말한테 먹일 여물을 못 찾겠어!"라고 투덜거렸다.

"말 여물이 왜 필요한데요?" 내가 묻자 그녀는 황당하다는 얼굴로 나를 바라보았다.

"여물을 든든히 먹이지 않고는 그 녀석들이 이번 여행을 할 수 없을 테니까!" 하고 답했다. 그녀가 화가 난 건 분명했지만, 그 이상은 내게 말해주지 않았다.

"알겠어요. 할머니께서 필요한 걸 찾도록 제가 도와드릴게요."

내가 버사의 손녀 타냐에게 그 얘기를 들려주자, 그녀는 웃으며 말했다. "할머니는 지금 과거에 살고 계신 거예요. 할머니는 노스캐롤라이나 언덕배기에 있는 농장에서 자라셨대요. 여행을 가려면 말과 짐마차가 필요한 곳이지요."

나는 이 말이 평화로운 임종을 맞기 위해 필요로 하는 걸 알리려는 버사 나름의 방식일 거라는 생각이 들었다.

"그게 뭔지 뭐 떠오르는 거 없니?"

"누가 드웨인 삼촌에 대해 말씀드린 적 있나요?" 타냐가 내게 되물었다.

"아니, 그 이름은 한 번도 못 들어봤는데, 가족 중의 한 사람이니?"

원래 버사의 자녀는 일곱이 아니라 여덟이라고 했다. "그런데 드웨인 삼촌은 아무도 가족으로 꼽질 않지요!" 그녀가 정나미 떨어진다는 투로 말했다.

"골칫거리예요. 감옥이나 들락거리고, 할머니 가슴을 갈가리 찢어놓았지요. 지금도 그 건달은 할머니 문안조차 안 오잖아요. 하긴 다른 식구들도 삼촌이 여기 오는 걸 바라지 않죠! 필요한 게 있을 때만 몰래 들르는데, 그럼 식구들은 삼촌이 또 할머니를 이용해먹는구나 하고 생각해요. 그래도 제가 보기엔 삼촌이 요즘 와서 좀 후회하지 않나 싶어요. 삼촌이 할머니 약값을 보내왔거든요. 삼촌이 노력중이라는 건 제가 장담할 수 있어요."

나는 아무리 허랑방탕한 아들이라도 버사로서는 만나봐야 하지 않겠냐고 제안했다. 처음에는 몇몇 식구가 드웨인과 접촉을 반대했으나 결국에는 동의했다. 드웨인은 중재자인 호스피스 담당

사회복지 상담사와의 상담에 기꺼이 응했다.

그는 상담사에게 자신이 집에 가지 않는 건 지금까지 어머니 속을 너무 썩였다는 죄책감과 형제들에게 거부당한다고 느꼈기 때문이라고 했다. 가족회의가 소집되었고 "엄마를 위해 드웨인에게 한 번 더 기회를 주자"는 쪽으로 의견이 모아졌다.

가슴 찡한 재회였다. 드웨인은 크고 억센 자기 품에 허약하고 여윈 어머니를 부둥켜안고는 "잘못했어요! 제가 잘못했어요!" 하고 흐느꼈다. 눈물을 흘리며 그의 얼굴을 어루만지던 버사가 가만히 속삭였다. "아들아, 예수님은 널 사랑하신단다. 나도 널 사랑하고."

드웨인이 도착했을 때 그에게 보였던 형제간의 적의도 어쨌든 두고 보자는 관용으로 바뀌었고, 그 다음에는 어머니에게 살갑게 구는 그를 지켜보면서 조심스러운 수용으로 바뀌었다.

버사는 다시는 말과 여물 이야기를 입에 올리지 않았고, 드웨인과 두 주를 더 보낸 다음, 평화로이 눈을 감았다.

버사는 여행이란 표현을 썼다. '이 여행을 하려면 말한테 먹일 여물이 필요해'라는. 그러나 그 표현의 진정한 의미는 '내겐 화해가 필요하다'는 것이었다. 버사가 평화롭게 이승을 떠나기 위해서는 아들과의 관계를 회복하고 그가 가족들에게 다시 받아들여지는 것을 확인하는 게 필요했다.

찰즈

찰즈는 죽을 준비가 되어 있었다. 암이 온몸에 퍼져가던 18개월 동안 그는 카테터(도뇨관^{導尿管}), 드레싱, 진통제 따위에 질리고 말았다. 그는 병문안 온 사람들마다 붙잡고는 죽음이 평화를 의미하며 신에게 가까이 가는 것임을 확신한다고 말했다. 그는 의사에게도 몇 번이나 다짐을 받았다.

"이 상태로 영원히 있어야 하는 건 아니겠죠, 그렇죠?"

"그럴리가요!"

"난 평화를 누릴 준비가 돼 있어요."

이처럼 찰즈는 처음에는 안정된 듯이 보였다. 그러던 그가 뒤늦게 갈팡질팡하고 어쩔 줄 몰라 하자, 그의 아내 마리가 내게 전화를 걸어 방문을 청했다.

"어떻게 된 일인지 모르겠어요. 저이가 말도 안 되는 소리를 해요!"

찰즈는 광란 상태였다. 울다가 화를 내는가 하면 또 어떤 때는 혼비백산 질겁하기도 했다. 얘기를 걸어보려 해도 횡설수설할 뿐이어서 아무 소용이 없었다. 심지어 진통제나 수면제, 진정제조차 그의 불안을 가라앉히지 못했다.

마리와 나는 그를 저렇게 불안하게 하는 게 뭔지를 찾아보았다. 찰즈가 하는 말은 거의 알아들을 수 없었지만, "난 못 가."라는 한

마디만은 분명하게 들렸다. 뭔가가 그의 평화로운 죽음을 가로막고 있는 것 같았지만, 그게 뭔지는 도무지 짐작할 수가 없었다.

사흘이 지났다. 그 사이 찰즈는 진정제 덕분에 잠깐씩 불안한 안정을 취했지만, 약 기운이 떨어지면 다시 발버둥 치며 알아들을 수 없는 말을 해댔다. 마리는 그의 고통이 덜어지기를 바라며 그 며칠 동안 꼬박 그의 곁을 지켰다. 그러던 중 우리는 찰즈가 "존." 이라고 말하는 걸 들었다. 남편이 신음소리를 내며 부른 그 이름은 그녀마저도 불안하게 했다.

"저이는 몇 년 동안 존 얘기를 한 적이 없어요."

그녀가 설명했다. 존은 자살한 큰아들의 이름이었다. 10대 후반 폭음과 난폭한 행동을 일삼던 존은 급기야 자기 부모까지 폭력으로 위협했다. 한 번은 존이 마리에게 주먹을 휘두르는 것을 찰즈가 목격하고 경찰을 불렀다. 그 이후로 존은 음주운전과 폭행으로 경찰서를 들락거렸다. 그러다가 존은 첫 구속이 자기를 자멸의 길로 빠뜨렸다며 아버지를 원망하는 유서를 남기고 자살했다.

"나야 용서하고 잊은 지 오래됐지요. 하지만 남편은 존이 나한테 폭력을 휘두른 걸 용서하지 못했어요. 그런데 왜 이제 와서 저이가 존 얘기를 할까요?"

존이 여기 와 있어서 찰즈가 겁을 내는 것 같지는 않았다. 사실 찰즈가 조리 있게 말할 때 물어보면, 존이 와 있거나 온 적이 있는 건 아니었다.

담당목사는 찰즈가 화해하기를 원하는지도 모른다고 했다. 어쩌면 그는 아들을 용서하고, 아들에게 용서를 구하는 기도를 필요로 하는 게 아닐까? 그러나 목사의 이런 제안은 찰즈를 더 겁먹게 하고 당황하게 만들었다.

마리와 목사는 이 수수께끼를 풀어보려고 몇 시간이나 찰즈와 대화를 시도했지만 아무것도 얻은 게 없었다. 그런데 마리가 존의 기일이 다가오고 있다는 말을 하자, 찰즈의 반응이 달라졌다. 이를 본 목사는 찰즈가 존의 기일에 죽으면 존과 저승에서 만나게 될까 봐 두려워하는 거라고 판단했다. 그는 죽고 나면 평화만이 있을 뿐이며 존도 분명 평화롭게 지낼 것이고, 더는 찰즈나 마리를 해치지 못할 것이라고 위로했다.

기일이 가까워지자 이런 대화는 하루에 서너 차례씩 되풀이되었다. 찰즈는 별 탈 없이 잠잠하게 지내다가도 한 번씩 동요를 일으켰고 그때마다 마리는 목사에게 도움을 요청했다. 이런 양상은 존의 기일까지 그대로 유지되었다. 기일 다음날, 일찍 일어난 찰즈는 평화를 찾을 준비가 되었다고 힘없이 말했다. 하루 사이에 급속하게 악화되더니 그는 그날 저녁 조용히 세상을 떠났다.

"난 못 가."라고 절규하던 찰즈의 불안은 존에 대한 심란한 기억에 그 뿌리를 두고 있었던 것이다. 그 힘든 시간을 헤쳐 나가기 위해 그가 필요로 했던 건, 목사의 거듭된 확신과 위로였다.

클로드

"사람들은 클로드를 결벽증을 가졌다고 흉보지만, 그는 세밀한 데까지 주의를 기울이는 아주 꼼꼼한 사람일 뿐이에요." 클로드의 아내 에밀리가 말했다.

말끔하게 정돈된 집은 그들이 얼마나 생활을 짜임새 있게 꾸려가는지 여실히 보여주고 있었다. 클로드가 가장 좋아하는 소일거리는 집에서 쓰는 컴퓨터에서 사용할 새 프로그램을 짜는 것이었다.

흑색종을 앓기 전까지, 오랫동안 회계사 일을 해온 클로드는 틈틈이 외출이 자유롭지 못한 지역 내 노인들의 세금 및 의료보험 관련 민원처리를 도왔다.

그는 "그 시스템은 노인들한테 너무 복잡하다."는 말을 자주 했다. 겸손하고 상냥하고 관대한 사람이었던 그는, 자신의 말기 질환에 대해서도 평소처럼 불평 없이 조용하고 차분하게 대처해나갔다.

클로드의 상태는 크리스마스 휴일이 다가오면서 급속히 악화되었다. 게다가 평온하기만 하던 사람이 뚜렷한 이유 없이 불안해하고 혼란스러워했다.

"프로그램을 못 찾겠어. 이래 가지고는 시스템이 작동을 안 할 거야!"

"찾아내실 거예요. 저희도 어떻게든 도와드릴게요." 나는 그를 안심시키려 애썼지만, 여느 사람들처럼 그도 더는 정확한 말을 하지 못했다.

나는 클로드가 죽지 못하게 뭔가가 붙잡고 있다는 느낌이 들었고, 그에 대해 에밀리와 한참을 의논했다. "예전의 그 평화를 돌려드려야 하는데, 우리가 놓친 게 뭘까요?"

한데 이 문제는 뜻밖에도 클로드의 사업상 동료에게서 전화를 받고서 그 해답을 얻었다. 그는 몇 달 전 클로드가 자신에게 재산 문제 처리를 맡겼다는 걸 에밀리에게 알려주기 위해 전화를 걸었다고 했다. 에밀리는 눈물을 흘리며 그에게 클로드의 임종이 가까워졌다고 알렸다.

"그것 참 유감이군요! 정말 훌륭하신 분인데! 새해가 되기 전에 돌아가실까 봐 그렇게도 걱정하시더니."

"왜요?" 에밀리가 숨을 들이켰다.

"1월 1일만 넘기면 부인께 지급되는 연금급여가 한 호봉 올라가거든요."

에밀리는 어이가 없었다. 생각도 못한 일이었다.

그녀는 클로드의 손을 잡고 그를 안심시켰다. 그는 아이들의 다정한 아버지이자 그녀에게 자상한 남편이었다고. 가족의 장래를 세심히 배려해준 그에게 정말 고맙다며 그를 다독였다. 하지만 클로드는 1월 2일에야 에밀리에게 한 호봉 높은 연금을 선사하고, 조용히 숨을 거두었다. 가족들은 아무도 클로드의 죽음에 놀라지 않았다.

찰즈와 클로드는 자신들의 죽음을 미뤄야 하는 상황에 부딪치자 초조해하거나 불안해하는 것으로 뭔가 필요하다는 메시지를 표현했다. '붙잡힘'이 여타의 주제들과 다른 건 뭔가가 빠졌다거나 마무리되지 않았다는 메시지가 암시되어 있다는 점이다. 찰즈의 죽음을 방해한 건 아들의 원망을 다시 받아야 할지도 모른다는 두려움이었던 반면, 클로드의 몸부림에는 아내의 연금을 인상시켜 놓고 나서야 죽겠다는 소망이었다. 그리고 이 마무리 짓지 못한 일들이 해결되고 나자, 둘 다 평화로운 죽음을 맞을 수 있었다.

로즈

로즈와 에디는 신심 깊고 사이좋은 부부였다. 그 때문에 그녀는 남편이 그답지 않게 신에게 새삼 적의를 보이는 것이 고민이었다.

에디는 "무슨 사랑의 하나님이 당신처럼 착한 사람한테 이 고통을 줄 수 있단 말이야?" 하며 격분했다.

목사가 이런 생각을 극복하도록 그를 도왔지만, 로즈는 에디가 여전히 신에 대한 노여움을 품고 있을까 봐 걱정이었다. 그녀로서는 신성모독을 범한 죄로 그가 죽고 난 후 천국에서 내침을 받을까 봐 염려스러웠던 것이다.

로즈는 죽음을 바로 몇 시간 앞두고, 내게 부탁했다.

"난 확인이 필요해요."

나는 에디와 이야기를 나누며, 로즈가 편안히 죽음을 맞을 수 있도록 그가 노력한 배려들을 상기시켰다. 그리고 뭔가 로즈가 미진해하는 게 있는 모양이라고 운을 뗐다. 그의 대답은 놀라울 게 없었다.

"아마도 저 사람은 내가 하나님께 화를 낸 걸 걱정할 거예요. 나하고 달리 저 사람은 워낙 신앙심이 돈독해서, 자기가 아프고 죽어가는 것에 대해 그분께 화를 낸 적이 없소."

나는 그에게 로즈의 안타까운 심정을 달래줄 수 있겠냐고 물었다. 에디가 그녀의 침대 옆으로 다가가 앉았다. "내 말 좀 들어봐. 로즈." 그는 눈물을 글썽이며 그녀의 볼을 어루만졌다. "난 하나님을 진심으로 사랑하오. 그분은 우리가 오래도록 함께 행복을 누리며 살게 해주셨소. 내가 화를 낸 건 그분도 이해하실 거요. 그건 내가 그만큼 당신을 잃고 싶지 않기 때문이니까. 그러니 여보, 걱정하지 마. 내 차례가 오면 그분은 우리를 천국에서 다시 함께 살 수 있도록 해주실 거야!"

"오, 에디!" 그녀가 미소를 지으며 말했다.

얼마 지나지 않아 그녀가 숨을 거두었다. 에디는 "저 사람을 잃고 싶지 않아! 그것만은 안 돼!"라며 흐느꼈고, 나는 그런 에디를 안아주었다.

로즈에게 필요한 게 확인이었던 건 분명하다. 비록 남편이 신을 원망했음에도 불구하고, 여전히 신을 사랑하고 있다는 확인 말이다. 로즈는 에디의 마지막 대화로 그것을 확인했기에 다음 생애에서의 재회를 믿고 편안히 죽을 수 있었다.

'붙잡힘'에서 중요한 메시지는 '내게는 뭔가가 필요하다'이다. 비록 짤막한 한마디일지라도, 그것은 죽어가는 사람이 주위 사람들에게 상황을 돌아보고 놓치고 있는 것을 보완해달라고 요청하는 것일 수 있다. 마무리 짓지 못한 일, 미완의 화해, 가족들의 마음의 준비 등. 때로는 이런 문제들을 해결하는 것이 죽어가는 이들을 평화로운 죽음으로 이끄는 지름길인 것이다.

12.

"내 행동을 눈여겨봐."

말 이외의 의사표현

죽어가는 사람들이 보여주는 또 하나의 의사소통 방법이 행동이나 몸짓이다. 가장 흔히 볼 수 있는 것이 허공에 손을 내밀거나 미소를 짓고 손을 흔들거나 혹은 고개를 끄덕이고 이야기를 하는 모습이다. 때로는 침대보를 벗겨내려는 듯이 당기거나 침대에서 내려오려는 사람도 있다. 게다가 이렇게 행동하는 환자의 얼굴을 보면 무서워하기보다는 오히려 누군가를 알아보고 반가워하는 기색이 역력한 경우가 많다.

사람들은 뜬금없고 엉뚱해 보이는 이런 행동을 의식이 혼미한 탓으로 돌리기도 하지만, 실상 그런 행동과 몸짓들이야말로 환자가 임종자각의 일환으로 뭔가를 체험하고 있는 것임을 알아야 한다. 말하자면 환자는 말 이외의 수단을 통해 자신이 혼자가 아니며, 먼저 죽은 다른 이들과 만나고 있음을 우리에게 알리는 것이다. 죽어가는 사람들의 몸짓과 행동은 우리더러 이승 너머에 존재하는 차원을 일별하게 해주고, 우리가 이런 메시지에서 위안을 얻을 수 있게 한다.

브래드

똑똑하고 미남이며 천성적으로 상냥하고 젠틀한 브래드는 큰 광고회사에 근무하는 능력 있는 작가였다. 그는 죽기에는, 그것도 급작스럽고 생각지도 못했던 병으로 죽기에는 너무 아까운 서른 살의 젊은이였다. 브래드는 에이즈라는 비극적이고 파괴적인 질병의 초기증세를 보이고 있었다.

브래드와 6년째 그의 파트너였던 아담은, 브래드의 캐나다 고향 집에서 수천 킬로미터나 떨어진 한 도시의 아름다운 연립주택에서 같이 살아왔다. 고향을 떠난 지 10년이나 되었어도, 브래드는 부모와 퀘백에서 상업 미술가로 일하는 형 리에게 자주 연락하며 지냈다. 그는 매주 집에 안부전화를 했고 크리스마스 때면 꼭 고향을 찾았다. 그러나 자신의 성적 취향과 아담과의 관계에 대해서는 부모에게 알리지 못했다.

"그분들은 우리가 어떤 사인지, 브래드가 얼마나 아픈지 전혀 모르고 계셨죠. 사실 브래드는 자기가 게이란 걸 가족들에게 알릴

시기와 방법을 놓고 몇 년째 고민했어요. 그분들은 정말 훌륭하고 사려 깊은 부모님이셨지만, 그로서는 차마 입이 떨어지지 않았던 거죠. 부모님에게 실망을 안겨드릴까 봐 말입니다." 아담이 말했다.

처음에 에이즈와 관련된 면역체계 이상이 나타났을 때, 브래드는 매주 거는 안부전화에서 되도록 축소시켜 얘기했다. 그러나 브래드가 알려주는 단편적인 사실만으로도 그들을 걱정시키기에는 충분했다.

나중에 그의 아버지는, "그 애가 그렇게 자주 아픈 게 심상찮았어요. 그 애는 늘 건강하고 생기 있는 청년이었으니까요."라고 말했다.

브래드가 에이즈 환자라는 걸 알게 되자 광고회사 사장은 불가피한 감원이라고 주장하며 그를 해고했다. 브래드는 해고와 동시에 수입과 의료보험 혜택을 잃었다.

아담은 얘기를 하면서 점점 더 화가 치밀었는지, 그게 말이 되냐며 흥분했다.

"브래드는 8년 동안 최우수 직원 중 하나였어요. 그 애사심에 대한 보상은 어떻게 되는 겁니까? 물론 그 사람들이야 브래드를 병이나 성적 취향을 이유로 해고한 건 아니라고 하지요. 그래서 변호사를 고용해서 소송해볼 생각도 했어요. 그런데 우리에겐 그럴 만한 돈도 없었고, 그런 데 신경 쓰기엔 브래드의 건강이 너무 안 좋았어요. 아무튼 악평을 얻고 싶진 않았으니까요."

아담은 시내 한 신문사에서 일하는 평판 좋은 스포츠 기자였다. 그는 브래드를 자기 의료보험에 피부양자로 올릴 수도, 그의 간병을 위해 병가를 낼 수도 없었다. 할 수 있는 일이라곤 더러워진 시트를 갈고 브래드를 씻기고 약을 챙기는 등의 간호와 틈틈이 시간 외 근무를 최대한 많이 해서 생활비를 돕는 게 전부였다.

"그에게 드는 의료비만 해도 얼마나 엄청난지! 먹는 약 중에 AZT(에이즈 치료제)값 하나만 해도 까무라칠 정도죠! 난 그의 부모님께 솔직하게 말씀드리고 도움을 구하자고 간청했지만, 그가 싫다고 하더군요."

하지만 크리스마스가 다가왔어도 폐렴 때문에 브래드가 고향에 갈 수 없게 되자, 다른 쪽에서 문제가 불거졌다. 아들의 건강이 걱정된 브래드의 부모가 불시에 찾아왔던 것이다. 캐나다에서부터 꼬박 수천 킬로를 운전을 하고 온 부부는 브래드를 마주하자마자 이중의 충격에 휩싸였다.

"에이즈라는 단어를 입에 올리자 한동안 경악의 침묵이 흐르더군요. 마치 시간이 멈춘 것 같았죠." 아담이 말했다. "마침내 브래드의 아버지가 일어나시더니 어머니에게 '난 바람 좀 쐬야겠소. 같이 가겠소?' 하고 물으시더군요. 두 분은 함께 자리를 뜨셨죠.

브래드야 더했겠지만, 저도 그의 부모님 때문에도 마음이 많이 아팠어요. 그분들에게는 얼마나 끔찍한 일이었겠어요? 브래드는 부모님이 안 돌아오실까 봐 겁을 먹고 있었죠. 그런데 그분들은 두어 시간 뒤에 돌아오셨어요. 울어서 퉁퉁 부은 얼굴로요. 그분들이 우리를 안으며 말씀하시더군요. '너희만 괜찮다면 우리가 여기 있으면서 너희를 돕고 싶구나.'라구요. 얼마나 마음이 놓이던지요. 브래드는 눈물 범벅이었어요."

그 다음 며칠은 브래드의 부모님이 머물 곳을 마련하기 위해 서재를 다시 꾸미며 보냈다. 그의 아버지는 동업자에게 전화를 걸어 무기한 휴가를 내겠다고 했고, 어머니는 캐나다의 이웃에게 집과 우편물 관리를 부탁했다. 부모님의 계획을 알게 된 브래드의 형도 다음 주말 그의 침실 벽에 걸 작품 몇 점과 양친의 옷가지들을 챙겨 오겠다고 전해왔다. 그러나 가족의 사랑과 지지도 역부족이었다. 브래드의 상태는 급속히 악화되었다. 그는 이제 통원치료조차 힘들어했다. 의사는 호스피스 가정간호를 권했고, 그들은 동의했다.

내가 처음 방문했을 때 아담은, "브래드는 이제 병이 너무 깊어 혼자 놔둘 수가 없어요."라고 말했다. "부모님이 안 계셨더라면 우리끼리 어떻게 했을지 모르겠어요. 어쨌든 지금 우리에겐 그의 간병에 관한 도움과 충고가 필요해요."

얼마 안 가 브래드는 자신을 전혀 추스르지 못해 꼼짝없이 침대에만 누워 있어야 하는 처지가 됐다. 에이즈 바이러스가 그의 뇌까지 침범한 것이다. 그는 정신도 혼미하고, 말도 못하며, 듣지도 못하는 것 같았지만, 누가 가까이 다가가면 시선을 그에게 고정시킨 채 간절한 표정으로 애원하는 눈빛을 보냈다. 마치 꼭 해야 할 중요한 말이라도 있다는 듯이.

나는 그에게 내가 할 일들을 일일이 설명해주면서 그의 반응을 세심히 살폈다. 그는 거의 반응을 보이지 않았지만, 자기 주변에서 일어나는 일을 이해하고 사람들을 다 알아본다는 데 모두가 동의했다.

그렇게 몇 달이 지나면서 나는 브래드의 부모에게 탄복하지 않을 수 없었다. 그들은 이 비극적인 상황을 분노나 의문으로 대하지 않았다. 그들은 아들에게 필요한 온갖 일들을 해주면서 한결같은 태도로 그를 사랑했다. 같이 브래드를 간병하다보니 그들과 아담 사이에도 서로에 대한 경의와 사랑이 자라났다.

브래드는 극도로 쇠약해지면서 삼킴 장애가 생겨 정맥주사로 영양을 공급받게 되었다. 우리는 이 외부영양이 그의 삶의 질을 떨어뜨리는데다 고통을 연장시키고 죽음을 지연시키는 게 아닌지 염려했다.

의사는 브래드의 부모에게 이런 방식의 IV영양 공급으로는 그의 죽음을 며칠 늦추는 정도밖에 안 되며, 오히려 외부영양이 브래드의 쇠약해진 순환계를 혹사시킬 수도 있으니 이제 그만 공급을 끊으로라고 조언했다. 그러나 아담이나 브래드의 부모에게 그건 기막힌 얘기였고 도저히 그럴 수 없는 노릇이었다.

인간의 자양분 욕구는 강렬한 것이다. 우리는 먹고 마심으로써 생존하고 성장하며 번성한다. 우리는 먹고 마시는 것으로 우리 자신을 북돋우고 축하하며 보상한다. 이것은 사랑하는 사람에 대해서도 마찬가지다. 부모에게는 자녀가 장성했다 해도, 이 욕구가 뿌리 깊게 남아 있다. 자녀에게 영양을 공급하는 것은 부모 역할의 본질적인 부분이어서 그것을 그만두는 것은 부모 역할 자체를 부정하는 느낌을 갖게 한다. 그래서 죽어가는 사람들에게 공급되는 산소와 영양분이 본인들에게 벅차거나 별 효용이 없을 때에도, 가족과 친구들에게 그것을 중단하라는 요구는 괴로울 수밖에 없는 것이다.

브래드의 부모는 영양공급 중단을 원치 않았다. 아담과 의사는 그들의 결정을 받아들였다. 의사는 "그분들로서는 그럴 수밖에 없을 겁니다."라고 말했다. "미량의 영양을 계속 주사한다고 해서 브래드에게 도움이 될 리는 없겠지만, 부모님한테는 그게 도움이 된다면, 글쎄요, 그래야겠지요."

며칠 뒤 내가 방문했을 때 브래드는 나를 전혀 쳐다보지 않았다. 날 보게 하려고 이런저런 시도를 해봤지만, 그의 눈길은 침대 위에 매달린 IV영양 봉지에만 고정돼 있었다.

내가 그의 손을 잡으며 말했다. "브래드, 힘들죠? 이제 이런 상황을 그만 끝냈으면 하는 심정 알아요. IV주사에 화가 나 있는 것 같은데, 우리도 이 상황을 질질 끌지 않도록 주사액을 가급적 소량 투여하고 있어요. 하지만 부모님들은 이 주사를 완전히 끊는 건 원치 않으세요. 당신을 워낙 사랑하시다 보니 이걸 끊는 건 그분들에게 너무나 고통스러운 결정일 겁니다."

내가 말을 마치자 브래드의 시선이 IV봉지에서 침대 건너편 벽으로 이동했다. 거기에는 몇 달 전에 그의 형이 걸어놓은 목탄스케치가 걸려 있었다. 그는 그 그림을 뚫어지게 쳐다보았다. 순간 전에는 별 주의를 기울이지 않았지만, 이날만은 그림의 형상이 마치 확실한 메시지처럼 내게 다가왔다.

그것은 그의 형이 빛과 그림자를 습작한 것으로, 산 속의 어두침침한 긴 터널 위에 아치모양으로 걸쳐진 낡은 석조 다리와 저 멀리 터널 끝에서 찬란하게 빛나는 밝은 빛이 대조적인 그림이었다.

임사체험을 한 많은 사람들이 어두운 터널 저쪽 끝에서 아름답게 빛나는 빛을 쫓아갔다는 이야기를 해왔다. 서서히 죽어가는 사람들 역시 그런 일을 자주 겪는다. 나는 브래드 옆으로 돌아와 그의 손을 어루만지며 말했다.

"브래드. 갈 준비가 되었으면, 그렇게 해요. 아담과 부모님께는 내가 당신의 의사를 전해줄게요."

모두가 브래드의 침대 주위에 모이자, 나는 브래드의 행동에 대해 이야기했다. 통과의 이미지를 가진 그 그림을 바라보는 것으로, 그가 자신의 시간이 다가왔음을 우리한테 알려주는 것 같다고 말이다. 그들은 눈물을 흘리며 그를 안고 입맞추었다. 그리고 그토록 인정할 수 없었던 그의 '떠남'을 허락해주었다.

"우리 모두 널 사랑하고, 널 그리워할 거야, 브래드. 하지만 오랫동안 힘들었으니까 이제 네가 가고 싶으면 언제라도 가. 우리는 마음의 준비가 돼 있어." 아담이 이렇게 말하자 브래드는 긴장을 풀고 눈을 감았다.

이틀 동안 브래드는 깊은 수면과 '멍한 상태'를 오락가락했다. 그는 우리가 볼 수 없는 뭔가를 우리 너머에서 보는 것 같았다.

모두들 교대로 잠깐씩 눈을 붙이며 그의 곁을 지켰다. 다들 그를 쓰다듬고 어루만지며 부드러운 위로의 말을 속삭였다. 마침내 그는 깊은 수면 상태에서 거의 의식이 없는 짧은 혼수상태로 빠져들었다가 사랑하는 사람들에게 둘러싸여 조용히 숨을 거두었다.

브래드의 장례식에서 그의 형 리가 말했다. "우리는 서로의 마음을 훤히 알 만큼 절친한 형제로 자랐어요. 그래서 동생이 제 그림을 보며 자기의 죽음을 알려준 것이 저한테는 여러 가지 의미로 다가왔습니다. 그 애가 혼자 힘으론 더 이상 말할 수 없을 때를 대비해 제가 그 애를 도와 대신 얘기한 것 같다는 느낌이 들어요."

브래드는 말은 할 수 없었지만, 그래도 죽음이 가까이 다가왔다는 자각만은 전할 수 있었던 듯하다. 덕분에 그를 돌보던 이들도 그의 말없는 메시지를 이해하면서, 그의 떠남을 허락을 할 수 있었고, 그들 스스로도 죽음에 대비할 수 있었다.

최근에 한 중년 남자가 작년에 돌아가신 어머니 얘기를 들려주었다. 그녀는 뇌졸중 발작으로 몇 주 동안 혼수상태에 빠져 있었는데, 죽기 직전 갑자기 깨어나더니 환하게 웃으며 보이지 않는 뭔가를 향해 팔을 내밀더라는 것이다. 그러고는 아기를 안듯이 두 팔을 모은 채 그것을 한참 내려보다가 그 자세 그대로 행복한 얼굴로 숨을 거두었다고 했다.

이 감동적인 모습 뒤에는 숨은 이야기가 있었다. 그 남자의 설명으로는, 자기 어머니의 첫 아기가 태어나자마자 죽었다고 한다. 그녀는 이어서 다섯 아이를 두었고 모두 성인이 되었다.

"우리 모두 어머니가 아기를 잃었다는 건 알고 있었지만 한 번도 그 얘기를 한 적은 없었답니다. 그때 표정으로 보아 어머니는 그 아기를 다시 안고 돌아가신 게 틀림없어요!"

죽어가는 사람이 사랑하는 사람과 재회한다는 걸 알고 나면, 사랑하거나 소중했던 관계가 영원하기를 바라는 우리의 소망은 현실적 근거를 얻게 된다. 사실 사랑하는 사람이 죽어가는 동안, 그리고 죽고 난 후에도 혼자가 아니라 영적인 존재나 전능한 신과 함께 한다는 걸 알게 되면 남은 가족들에게는 큰 위안이 된다.

앨런

결혼생활 내내 앨런과 마가렛은 늘상 입씨름을 벌이며 살았다. 내가 처음 그들을 만나던 날만 해도 그들은 마가렛이 점심으로 만든 수프를 두고 말다툼을 벌이고 있었다.

"이건 저이가 좋아하던 채소수프예요. 오늘 아침에 이게 먹고 싶다고 하더라구요. 그래서 새로 장까지 봐서 오전 내내 만들었는데, 한 입 먹어보더니 글쎄 먹고 싶지 않다는 거예요. 배고프지 않다나요, 말이 돼요?"

나는 식욕감퇴가 여러 질환, 특히 앨런이 앓고 있는 암 같은 질환의 중요한 특징이라고 설명해주고 어쩌면 그가 식욕을 잃었을지도 모른다고 덧붙였다.

"어머나, 세상에! 그걸 몰랐네. 그럼 됐어요. 난 저이가 괜히 날 골탕 먹이려고 그러는 줄 알았지 뭐예요!"

그녀는 웃고 나서 침대 위로 몸을 숙여 앨런을 가볍게 안아주었다.

나는 이 부부가 선호하는 의사소통 방법이 말다툼과 신체접촉이란 걸 금방 알아차렸다. 앨런과 마가렛은 가까이 있을 때면 언제나 손을 잡거나 안는 등의 신체접촉을 했고, 심지어는 내가 앨런에게 증상을 묻거나 설명할 때에도 그랬다. 또 내가 도착할 때까지 앨런에게 뭔가를 읽어주거나 함께 텔레비전을 보면서 그와 함께 침대 위에서 장난치고 있는 마가렛을 발견하는 일도 자주 있었다.

그렇기는 해도 그들에게는 만사가 다 말다툼거리였다. 그들은 앨런이 침대에서 일어나야 할지 말아야 할지, 약을 아이스크림과 같이 먹을지 사과소스와 같이 먹을지, 텔레비전 프로그램은 뭘 볼지를 가지고 노상 입씨름을 벌였다. 내가 이 점에 대해 언급했을 때 마가렛은 이렇게 말했다.

"보다시피 우리는 늘 이런 식이었어요. 난 저이를 정말 사랑하고 저이도 날 사랑해요. 그런데 우린 둘 다 입씨름하는 것도 좋아해요. 하나도 기분 상하지 않고, 말다툼을 자주 하긴 해도 심각한 정도는 절대 아니거든요. 남들 눈에는 좀 이상하게 보일지 몰라도, 이게 우리가 친밀함을 유지하는 방법인 것 같다는 생각이 가끔 들어요.

한 번은 나도 그만두려고 했죠. 저이가 병든 걸 알고 나서요. 저이한테 이제부턴 당신이 원하는 대로 다 해주겠다고 선언했죠. 그랬더니 저이가 그러더라고요. '내 말 좀 들어봐. 단지 내가 죽어간다고 해서 당신이 나한테 상냥해질 필요는 없어! 당신이 내 말에 토를 달지 않으면 난 살아 있는 느낌이 안 들 것 같단 말이야! 게

다가 난 있는 그대로의 당신을 사랑해.' 그래서 내 방식을 바꾸지 않기로 했죠. 그래도 지금은 저이가 이기게 그냥 놔둬요!"

마가렛의 걱정은 앨런이 사후 삶에 대한 믿음이 없는 것이었다. "그 긴 결혼생활 내내 우리도 이것만큼은 의견일치를 보지 못했어요. 난 매주 교회에 나가는데, 저이는 한 번도 같이 간 적이 없어요. 자기는 죽고 나면 그걸로 끝이라나요. 그리고 자기는 그래도 괜찮다는 거예요. '난 지금까지 착하게 살아왔어. 또 당신은 날 안 잊을 테니까, 난 당신 기억 속에 계속 살아 있겠지. 그럼 됐어.'라면서요."

앨런은 절대로 종교에 관해서는 논쟁하지 않았다. 심지어 아내와도 그것에 관해서만은 입씨름조차 하지 않았다. 그는 기도나 목사를 청해보지 않겠냐는 일체의 제안을 거절했다. 그는 혼자서도 평화를 누리고 있는 것 같았다.

삶의 마지막 며칠 간, 앨런은 혼수상태에 빠져 누구에게도 말을 걸거나 반응을 보이지 않았다. 곁에 바싹 다가앉아 있던 마가렛에게조차도.

어느 날 아침, 내가 마가렛과 함께 앨런 곁을 지키고 있을 때였다. 그의 호흡이 달라지는가 싶더니, 그가 눈을 뜨고 방 한쪽 구석을 바라보았다. 그러고는 누군가를 알아본 듯이 미소 짓더니 자리에서 일어나 앉아 손을 내밀었다. 그는 몇 분 동안 그런 자세로 앉아 있다가 눈을 감고 천천히 팔을 내린 다음, 등을 누이고 숨을 거두었다. 마가렛은 두려움에 사로잡혔다.

"편안하게 숨이 멎어주기를 바랐더니 정말로 그렇게 됐군요. 그런데 이건……" 그녀가 고개를 저으며 말했다. "저이가 누군가를 보고, 안으려고 팔을 내민 것 같던데. 누굴 본 걸까요? 예수님일까요? 선생님은 예전에 이런 경우를 본 적이 있나요?"

나는 그 유사한 모습들을 이야기해주었고, 앨런이 뭘 보았을까를 두고 함께 이야기를 나누었다. 나중에 장례를 치르고서, 마가렛이 느닷없이 웃음을 터뜨리며 말했다.

"그렇다면 내가 그 논쟁에서 이긴 거죠, 그렇죠? 난 그이한테 우리는 다시 만날 거라고 했는데, 그이는 죽고 나면 아무것도 없을 테니 그럴 수 없을 거라고 했거든요. 그런데 그이는 틀림없이 우리가 못 보는 뭔가를 봤고 지금 어딘가에 가 있는 거잖아요. 그러니 그이는 내가 갈 때까지 날 기다리겠죠? 그럼 난 그때 가서 '내가 뭐라 그랬어. 그럴 거라 그랬지!'라고 할 수 있을 거예요. 그런데 천국에서도 이런 입씨름을 벌일 수 있을까요?"

이렇게 죽어가는 이들이 우리 눈에는 보이지 않는 누군가를 보고 미소 짓고 손을 내미는 행위는, 앞에서 살펴본 "보이지 않는 누군가와 함께 있다"는 메시지의 비언어적 형태다. 그들은 우리의 지각 너머에 있는 뭔가, 혹은 누군가에 반응하거나 손을 내민다. 그리고 앨런이 그랬듯이, 이럴 때 그들은 대체로 놀라고 반가워하는 표정을 짓는다.

죽기 직전, 아무런 예고도 없이 이례적인 힘을 발휘하는 환자들이 있다. 그리고 어떤 이는 공교롭게도 그 힘으로 침대에서 내려오려다 낙상하고 만다. 그러고 나면 가족들은 낙상을 사망원인으로 알고 심한 죄책감에 시달린다. 가족들은 눈물을 흘리며 울부짖는다. "아빠가 침대에서 내려오려다 떨어져 돌아가셨어요! 제가 아빠 옆에 쭉 붙어 있었는데, 잠깐 커피 타러 주방에 갔거든요. 그런데 그 사이에 이런 일이 일어나다니, 제 탓이에요. 제가 거기 있었으면 이런 일이 없었잖아요! 대체 어떻게 이런 일이 있을 수 있을까요? 아빠는 거의 혼수상태였어요. 이틀 동안 꼼짝도 못했고, 물 한잔 들 힘도 없으셨다니까요. 혼자 힘으로는 도저히 움직이실 수 없었단 말이에요! 이해할 수가 없네요! 이제 전 어떻게 살죠?"

최악의 상황을 가정하느니 몇 가지 질문을 해보는 게 낫다. 죽어가는 사람은 도대체 뭘 하려 한 걸까? 그들이 우리 눈에는 보이지 않는 사람이나 장소를 본 건 아닐까? 그래서 그리로 가려던 건 아닐까? 우리는 못 들었지만, 누군가가 그들더러 오라고 부른 건 아닐까?

물론 죽어가는 사람이 침대 밑으로 떨어져도 괜찮다는 말을 하는 건 아니다. 삶의 마지막 순간에 손을 내밀거나 자리에서 일어나려는 이 현상의 원인은 아무도 모른다. 게다가 낙상이 사망원인이 아닐 수도 있다. 낙상을 했든 안 했든, 그 사람은 그 순간에 죽었을 수 있다. 낙상은 그가 죽어가면서 겪었던 어떤 체험에 대한 반응일 수 있는 것이다.

가족들은 환자가 마지막 순간에 이례적인 힘을 발휘할 수 있다는 사실을 알아둘 필요가 있다. 그러나 최선을 다했는데도 환자가 낙상했다면, 그것을 두고 자책할 필요는 없다. 그보다는 낙상의 이면에 숨겨진 메시지를 곰곰이 생각하여, 행동이나 몸짓을 이용한 중요한 메시지를 놓치지 않는 쪽이 더 바람직하다.

13.

"담쟁이덩굴로 뒤덮인
빨간 벽돌집에 갔어요."

꿈이 말해주는 것

꿈은 매력적인 것이다. 사람들은 꿈을 통해 자신과 교감한다. 꿈에서는 무의식에서 나온 소재가 의식차원으로 옮겨가기 때문이다. 과거를 회고하는 꿈에서는 다른 이들과도 교감한다.

반면에 임종자각을 겪는 사람들이, 남들은 볼 수 없는 장소나 존재를 보면서 죽음을 느끼는 건 꿈이 아니다. 당사자도 꿈을 꾼 게 아님을 안다. 그러나 평화로운 죽음을 위해 필요한 게 무엇인지를 알아내는 데는, 꿈이 도움이 된다.

우리는 죽어가는 사람들의 꿈 얘기를 워낙 많이 듣다보니, 그것이 종종 의미심장한 내용을 담고 있다는 걸 안다. 말기에 직면한 사람들의 꿈에는 어떤 강렬한 소망과 해결해야 할 문제의 단서가 숨어 있는 경우가 많다.

베키

거대 일간지 워싱턴 지국 기자였던 베키는 서른넷이었다. 그녀는 남편 조엘과 둘이 살고 있었다. 그들은 나를 침실까지 호위해주는 큰 개 두 마리를 키웠는데, 녀석들은 내 행동 하나하나를 '관리감독'했다. 내가 조엘을 따라 서재로 들어가거나 주방으로 전화를 걸러 가면, 한 마리는 나를 따라왔고 다른 한 마리는 베키의 침대 발치에서 보초를 섰다.

베키는 기력이 다 떨어져갈 때까지도 유머감각이 살아 있는 밝고 재치 있는 여성이었다. 하지만 첫 방문 때의 그녀는 불안해보였고 나를 경계하는 듯 보였다. 그녀는 자기가 죽으리란 걸 알고 있었다.

"상황이 제게 낙관적이지 않다는 건 알고 있어요. 의사가 호스피스를 불러야 한다고 권한 게 벌써 몇 주 전이었으니까. 더 이상은 손써볼 방법이 없는 것 같아요."

그녀는, 호스피스를 꺼렸던 이유가 곧 죽음에 대해 얘기하는 것으로 알았기 때문이라고 했다.

"아시다시피 캄캄한 앞날이 다가오고 있으니까요. 남의 죽음에 대해서는 얼마든지 쓸 수 있었어요. 그들이 어떻게 느끼고, 뭘 하는지 낱낱이 간파할 수 있었거든요. 그런데 그게 막상 나한테 닥치니까 그런 얘기는 전혀 하고 싶지 않군요."

"저는 이 마지막 시간을 가급적 편안히 해드리려고 노력합니다. 죽음에 대해 상의하고 싶다면 그렇게 해드리겠지만, 원하시지 않는데 억지로 의논하지는 않습니다."

"그렇다면 우리 그 얘긴 하지 말아요. 그냥 재미있는 얘기나 해요! 제 생각에 우리는 호흡이 썩 잘 맞을 것 같네요. 개들도 선생님이 마음에 드나 봐요!"

내가 웃었다. 한 녀석은 입이 찢어져라 하품을 하며 내 발 위에 걸터앉았고 다른 녀석은 금빛 털복숭이 머리를 내 스커트에 기댔다.

"좋아요. 우리 울지 말고 웃어요!" 그녀가 말했다.

우리는 금방 친해졌다. 그녀는 죽어가는 다른 사람들, 특히 최근에 사망한 뉴스진행자 프랭크 레이놀즈에 대해 물었다. "이건 비공식 질문인데요, 그냥 참고삼아 좀 들었으면 하는 것뿐이니까."라면서.

방문간호를 다닌 지 한 달쯤 지났을까, 베키가 어딘가 달라진 것 같았다. 조엘이 나를 침실로 안내하고는 그녀와 나만 남겨두고 자리를 떴다.

"제가 자리를 비켜드리는 게 나을 거예요. 베키가 선생님과 뭔가를 의논하고 싶어하거든요."

베키는 아주 심각해보였다. 그녀는 자기 옆에 앉으라며 침대 위를 톡톡 두드리고는 내 손을 잡았다.

"선생님한테 어젯밤에 꾼 꿈, 꿈이었던 것 같긴 한데 잘 모르겠어요. 아무튼 그 꿈 얘기를 해야겠어요. 제가 꿈을 꿨는데…… 녹음기를 들고 있었죠. 누군가를 인터뷰하기로 되어 있었는데, 그게 누군지 생각이 안 나는 거예요. 녹음기는 계속 돌아가는데…… 말은 안 나오고, 전 당황하기 시작했죠."

그녀는 잠시 생각에 잠겼다가 다시 말을 이었다.

"그러다 문득 프랭크 레이놀즈를 인터뷰하기로 되어 있었다는 게 떠올랐어요. 그런데 이번에는 뭘 물어야 할지 아무 생각도 안 나는 거예요. 녹음테이프는 계속 돌아가는데 전 여전히 아무 질문도 못하고 허둥대다가 깼어요. 이게 무슨 뜻일까요?"

"당신 나름대로 뭔가 짚이는 게 있을 것 같은데요. 당신은 어떻게 생각해요?"

"지금은 뭐라고 말할 수가 없네요. 절 좀 도와주실래요?"

"프랭크 레이놀즈를 어떻게 생각하세요?"

"글쎄요, 일류였지요. 진짜 프로인데다 늘 빈틈없이 준비하는 사람. 하지만 저에겐 대단히 친절했죠."

"내 느낌에, 당신이 알고 싶은 걸 전화로 물어볼 수 있는 사람이 바로 그 사람일 것 같은데. 맞나요?"

베키는 눈을 빛내며 빙그레 웃었다. "그래요. 그는 일류였어요. 전 늘 일류를 좋아했으니까요."

"그런데 프랭크 레이놀즈에게 뭘 물어보려고 했던 거죠?"

"그걸 선생님이 저한테 말씀해주셔야 해요. 갑작스런 일이라 그런지, 전 그걸 표현할 적당한 말을 못 찾겠어요."

"당신은 죽음이란 게 어떤 걸지 궁금해 하고 있지 않았나요? 그라면 죽은 지 얼마 안 된 사람이니 당신한테 그걸 잘 설명해줄 수 있을 거고요. 죽는 게 뭔지, 그는 당신에게 신뢰받고 존경받는 사람이니 자세히 물어보고 싶었을 겁니다. 예를 들어 당신이 죽는 걸 두려워하고 있다고 합시다. 그럼 그를 인터뷰해보면 죽음이 두려운 건지 아닌지 알 수 있지 않겠어요?"

베키는 잠시 내 손을 잡은 채 가만히 있었다. "하지만 난 지금 꿈을 꾸고 있는 것도 아니고 그 사람도 여기 없잖아요." 그녀의 음성이 잦아들었다. 그녀는 침착하고 진지한 눈빛으로 내 다음 대답을 기다리고 있었다.

"그럼 그 사람 대신 제가 대답해드릴까요?"

"네. 하지만 전 뭘 물어야 할지 잘 모르겠어요."

내 말을 끊고 싶으면 언제든 끊으라고 말해주고 나서, 나는 죽음이란 것에 대해 말하기 시작했다. 사람들이 보통 어떻게 쇠약해지다가 혼수상태에 빠지고, 호흡이 멎으면서 죽어가는지 자세히 설명했다. 나는 아마 그녀도 다른 사람들처럼 혼수상태에 빠졌다가 편안히 죽음을 맞을 거란 내 예상을 말해준 다음, 사람들이 죽음을 두려워하는 건 죽음에 대해 잘 몰라서 그런 거라고 덧붙였다. 나는 죽음에 대한 구체적인 두려움, 특히 고통스럽지 않을까 하는 두려움을 화제로 삼았다. 그녀의 경우 통증은 계속되겠지만 지금껏 해오던 대로 적절히 조절해줄 테니 염려 말라고 안심시켰다. 덧붙여서, 사후에 일어날 일을 걱정하는 사람도 있다고 하자, 그녀는 그건 아니라고 답했다.

베키는 한동안 생각을 정리하는 듯했다.

"고마워요. 기분이 훨씬 나아졌어요. 내 평생에 가장 중요한 인터뷰였어요. 남편한테는 선생님이 설명해주시겠죠?"

그 후로 베키는 죽음에 대해 언급하지 않았다. 그녀의 꿈과 관련해 나눴던 대화가 죽음에 대한 그녀의 의문과 두려움을 가라앉히는 데 도움이 된 것 같았다. 사람들이 필요로 하는 건 비슷해도 그것을 표현하는 방식은, 특히 꿈에서는 완전히 다를 수 있다.

제니

아홉 살 제니는 뇌암으로 죽어가고 있었다. 어느 날 발작 끝에 눈이 멀고 몸이 마비되더니 그때부터 급속히 악화되었다.

아버지 매튜는 외교관이었다. 그들 부부는 둘 다 오하이오 주의 작은 마을이 고향이었지만 지난 10년간 그곳에 들른 적이 없었다. 그들은 대부분 외국에 나가 살다가, 제니가 병에 걸리고 나서야 비로소 워싱턴으로 발령 받았기 때문이다. 부인 폴린은 딸의 병을 현실적으로 받아들였다. 첫 방문 때 그녀는 "이제 내가 바라는 건 아이가 고통 없이 집에서 죽을 수 있으면 하는 것뿐이에요."라고 말했다. 그들은 제니에게 병에 대한 자세한 얘기는 하지 말아 달라고 했다.

어느 날 아침이었다. 제니를 침대 위에 누인 채 머리 감기는 법을 폴린에게 시연해보일 때였다. 제니가 꿈 얘기를 꺼냈다. 전날 밤 꿈을 꿨는데, 꿈에서 회색 옷을 입은 남자들이 자기를 담쟁이덩굴로 뒤덮인 큰 집으로 데려가더라는 것이다. 아이는 그 집을 자세히 묘사했다. 붉은 벽돌 건물에, 반짝반짝 윤이 나는 나무로 된 문이 있고, 창문을 휘감은 담쟁이덩굴도 있었다고. 내가 제니에게 꿈에 대해 더 묻자, 폴린은 눈물을 글썽인 채 당황하다가 수건이 더 필요할 것 같다며 방을 나갔다. 제니가 계속 꿈 얘기를 하는 사이에, 머리 감기기가 끝났다. 나는 아이에게 그 꿈에서 어떤 느낌을 받았냐고 물었다.

"글쎄요, 전 거기가 어딘지, 그 남자들이 누군지, 또 절 어디로 데려갔는지 통 모르겠어요." 아이는 아리송하다는 얼굴로 대답했다.

머리를 감느라 피곤해하는 아이가 잠든 뒤 나와 보니, 건너편 방에서 폴린과 매튜가 부둥켜안고 울고 있었다.

"저 애가 말한 그 집은 오하이오에 있는 장의사 건물이에요. 우리는 부모님 댁에서 가까운 묘지에 묻으려고 아이의 시신을 거기로 보내기로 했거든요. 그런데 어떻게 제니가 그걸 알고 꿈을 꿨을까요?"

우리는 제니가 꾼 꿈의 의미를 찾아보았다. 처음에 그들은 제니가 장례절차에 대해 그들이 나눈 이야기를 우연히 듣지 않았나 하고 짐작했다. 하지만 그들은 장의사 이름만 말했지, 그 집이 어떻게 생겼는지 이야기한 적이 없었다. 게다가 제니는 그들의 고향에 가본 적도 없다.

그렇다면 그 꿈은 뭘 의미하는 걸까? 나는 그들에게 제니에게 직접 물어보라고 권했다. 하지만 폴린은 자기의 심란함을 제니가 알게 될까 봐 걱정했고, 매튜는 제니가 그 장소를 혹시 아는지 물을까 봐 염려했다. 나는 꿈꿀 때의 느낌이 그 꿈의 의미를 드러내는 경우가 종종 있다는 것을 알고 있었다. 그래서 제니가 그 꿈에서 어떤 느낌을 받았는지, 그걸 확인해보는 게 좋겠다고 제안했다.

제니는 그곳이 어딘지 궁금해했지만 두려워하지는 않았다. 그렇다면 아이는 자기한테 앞으로 무슨 일이 일어날지 알 필요가 있다고 생각한 걸까? 매튜와 폴린은 딸이 궁금해하는 문제를 털어놓는 게 좋겠다는 데 동의했다. 그들은 제니가 좋아하는 담당목사와 내가 함께 얘기를 나눠주길 부탁했다.

다음날 나는 목사와 함께 제니를 방문했다. 목사가 아이에게 어떻게 지내냐고 물었다.

"괜찮아요."

"음, 그건 항상 하는 말이고. 정말은 어떻지?" 목사가 다시 물었다.

"자꾸 더 나빠지는 것 같아요. 눈도 안 보이고요, 오른쪽 팔다리도 못 움직여요. 왼쪽도 좀 그래요. 이젠 테디 인형도 안아줄 수 없어요."

"많이 달라졌네." 내가 말했다. "그래서 네가 점점 나빠지는 것 같다고 생각하는구나."

제니가 고개를 끄덕였다.

"무슨 일이 일어날지 궁금하니?" 목사가 물었다.

"전 제가 죽을 거라고 생각하는데요, 목사님은 어떻게 생각하세요?"

"글쎄. 하나님만이 확실히 아시겠지만, 네 말을 듣고 보니 내가 보기에도 그럴 수 있겠다 싶구나. 그 얘기를 하고 싶은 거니?"

"네, 그런데 누구한테 물어봐야 할지 모르겠어요. 그런 말을 하면 엄마 아빠가 속상해할 것 같아서요. 제가 잠들었다고 생각했는지, 엄마랑 아빠가 우는 걸 가끔 들었거든요."

"네가 알고 싶은 게 뭔지 얘기해볼래?"

"있잖아요, 전 죽는 건 하나도 겁 안 나요. 그건 다 알고 있거든요. 엄마 아빠를 사랑하는 내가 천국으로 가는 거잖아요, 그렇죠?

그러고 나면 사람들이 제 몸을 묻겠죠. 그런데 말이죠, 죽기 전에는 어때요? 그게 어떨지 모르겠어요. 그리고 엄마랑 아빠는 어떻게 되는 거예요? 제가 죽은 뒤에도 괜찮을까요?"

나는 제니에게 앞으로 일어날 일을 자세히 설명해주었다. 점점 약해지고, 말하기도 웃기도 먹고 마시기도 싫어지다가 나중에는 숨쉬기도 싫어져 숨을 멈출 거라고. 하지만 아무리 많이 아파도 우리가 약으로 달래줄 테니 괴롭지는 않을 거라고 덧붙였다. 아이는 사람이 죽는 걸 지켜본 적 있는지, 그 사람들이 힘들어하지는 않았는지를 물었다. 그들은 수월해 보였고, 때로는 옛날에 죽은 친척이나 친구들이 찾아와서 죽어가는 사람과 같이 있는 것 같았다고 답해주었다.

"천사는 없어요? 저한테 천사가 와줄 수는 없을까요?" 아이가 물었다.

목사가 웃으며 말했다. "제니, 네가 와주길 바란다면 틀림없이 천사가 올 거야."

제니는 우리가 예견했던 과정을 거쳐 두 달을 더 살다가 죽었다.

폴린과 매튜는 제니의 꿈이 아이가 뭘 필요로 하는지 이해하는 데 도움이 되었다고 말했다. 그들은 아이가 죽어가면서도 전혀 두려워하지 않았던 건 목사와 내가 아이에게 해준 이야기 덕분이었다고 확신했다. 폴린은 딸의 뺨에 입을 맞추고 나서 "테디를 제니

관 속에 넣어줘야겠어요. 아이가 외롭지 않다는 건 저도 알지만
요. 제니는 틀림없이 지금쯤 천사를 발견했을 거예요."라고 말했다.

베키에게는 낭패감으로, 제니에게는 궁금증으로 나타난 느낌을
확인해보았을 때, 그들이 필요로 했던 건 정보였다. 다행히 우리는
그 정보를 가지고 있었고 그들에게 나눠줄 수 있었다. 그러나 때로
는 꿈의 의미가 우리가 처음에 생각하던 것과 다른 것일 수도 있
다. 또 그 필요가 늘 충족되기만 하는 것도 아니다.

이자벨

이자벨은 서른아홉의 심리학 박사였다. 그녀의 병은 아주 복잡
한 신체 문제를 초래하고 있었는데, 그것을 어떻게 처리할지 알려
주기 위해 여러 번 방문해야 했다. 말기 신경계질환이 급속히 진
행되자, 그녀의 일과 활동은 한계에 다다랐다. 결국 시인인 남동생
에드워드가 병구완을 돕기 위해 그녀의 집으로 들어왔다. 이자벨
은 직업 때문에 느끼는 부가적인 중압감을 자주 입에 올렸다.

"선생님은 심리학자로 살아가는 게 얼마나 힘든 일인지 모를 거
예요. 내 친구들은 내가 이런 일에 어떻게 대처해야 할지 잘 알고
있을 테니까 남들보다 더 쉽게 받아들일 거라고들 해요. 하지만 죽
음은 나한테도 전혀 새로운 경험이에요. 남들 못지않게 힘들고 걱

정스럽죠. 에드워드까지 자기가 어떻게 해야 할지를 나한테 물어본다니까요. 그 애가 날 돌보기로 되어 있는데 말이죠."

그러던 어느 아침 그녀가 "무서운 꿈 얘기를 해야 할 것 같아요, 지난 몇 달 동안 2주에 한 번씩은 이 꿈을 꿨나 봐요. 끔찍해요. 산 채로 묻히다니!" 하고 말했다.

그녀는 공포에 질린 얼굴로, 자기가 관 속에 들어 있는데 나갈 수도 없는데다 자기를 짓누르는 흙의 무게까지 느껴지더라는 꿈 이야기를 들려주었다.

"잠에서 깬 다음에도 너무 무서워서 다시 잠들기가 겁날 정도였다니까요."

어떤 꿈이든 최고의 해몽가는 대개 꿈꾼 자신이다. 나는 이자벨에게 그 꿈을 해석해달라고 했다.

"글쎄요, 그건 물론 제 불안을 반영한 거겠죠. 내가 아직 살아있는데도 장의사가 날 치워버릴까 봐 두려운 거예요! 나를 관에 넣고 예식을 치르러 교회로 갈 거고, 또 묘지로 가겠죠. 나를 묻으러 말이에요. 그런데 그때 내가 아직 살아있다면 어떻게 하죠?"

"정말 무시무시하네요." 내가 말했다.

"난 이런 문제에는 시원찮은 박사거든요. 죽음에 대해서는 잘 몰라요. 내가 죽었다는 걸 선생님은 어떻게 알죠? 선생님은 장의사에서 날 치울 때 내가 살아있지 않다는 걸 어떻게 확인하세요?"

생매장 당하는 일이 있지 않을까 하고 불안해하는 예는 드문 일이 아니다. 이자벨은 자신의 불안을 달래기 위해 무엇이 필요한지 알고 있었다. 그녀에게는 자기의 죽음을 우리가 어떻게 확정하는지 정확하게 알아두는 게 필요했다. 그것도 자세한 설명을 원했다. 나는 심장과 폐가 멎었다는 걸 어떻게 확인하는지에 대해 몇 번의 대화를 나눴다. 첫 번째 대화에서는, 그녀의 손목과 목에서 맥박을 짚어본 후 혈압을 잰다고 설명해주었다. 또 심장박동 소리나 호흡도 주의해서 듣는데 이것들은 사망 직후에 멎는 것이고, 환자가 사망한 후에도 보통 한 시간 정도는 그냥 놔두는데 그 동안에 몸이 차가워지고 혈액순환이 멎으면서 몸 아래쪽에 검푸른 반점이 나타나는 등의 징후들이 나타난다고 부연설명을 했다.

이처럼 상세한 설명은 지나치게 사실적이어서 대부분의 사람에게는 섬뜩하겠지만, 이자벨이 듣고 싶어했던 것이었다. 오히려 그녀 같은 소양을 갖춘 사람에게는 이 설명이 너무 간단하게 들릴 수도 있었다. 하지만 이자벨은 죽음을 경험해보지 못한 터라 죽어가는 사람들에 대한 이야기를 세세히 듣기 원했다. 그녀는 내가 사람이 죽는 것을 몇 번이나 보았고, 갓 죽은 사람들을 몇 번이나 검진해보았는지도 알고 싶어했다. 나는 해줄 수 있는 얘기는 하나도 빠뜨리지 않고 다 들려주었다.

"이제 기분이 좀 나아졌어요. 이 문제에 대해 얘기를 나눈 게 도움이 되네요. 내 꿈은 그런 것들에 대한 불안 때문에 생긴 거예요. 심리학자가 된 게 그리 나쁘지만은 않네요. 적어도 내 불안을 짚어 낼 수는 있잖아요"

다음 방문에서 이자벨은 에드워드를 옆에 앉히고서 지난번의 그 문제를 다시 한 번 이야기하길 바랐다. 그래서 우리는 이자벨의 꿈과 산 채로 묻힐지 모른다는 그녀의 두려움에 대해 다시 이야기를 나누었고, 나는 에드워드를 위해 주검을 확인하는 방법을 다시 설명했다.

"자, 에드워드. 네가 이걸 전부 기억해뒀으면 좋겠다. 서둘러 일 처리할 생각 말고 나를 너무 급하게 여기서 내가지도 마. 내가 죽고 나면, 적어도 두 시간은 집에 있게 해줘. 알았지?"

그 뒤로도 이자벨은 몇 주에 한 번씩은 이 주제를 화제로 삼았고, 그때마다 조금씩 불안감을 덜어갔다. 그녀가 죽던 날 밤, 에드워드는 내가 생명의 징후를 찾아 누나의 시신을 확인하는 것을 지켜보았다. 내가 확인을 마치고 청진기를 치우자 그가 말했다. "누나는 우리가 약속대로 하고 있는지 확인하려고 우리를 지켜보고 있을 거예요. 그래서 제가 차를 좀 끓여 왔습니다. 초콜릿칩 쿠키도 좀 가져왔구요."

에드워드와 나는 그의 누나 옆에 앉아 차를 마시고 쿠키를 먹으며 두 시간을 보냈다. 그러는 동안 그는 자신들의 어린 시절 이야기를 내게 들려주기도 했다.

장례식이 끝난 뒤 그가 말했다. "이자벨 누나로서는 자기가 두려워하고 있다는 걸 인정하기 쉽지 않았을 겁니다. 그랬는데도 솔직하게 얘기해줬으니 고마운 일이죠. 그 섬뜩한 대화에 대해서도 만족하고요. 처음에는 시신을 두 시간씩이나 집에 놔둔다는 게 터무니없는 짓 같았는데, 막상 해보니 별일도 아니군요. 그게 누나의 불안을 덜어줬다는 걸 생각하면요. 또 그건 제가 누나에게 작별인사를 하는 데도 도움이 됐고요."

죽어가는 사람의 꿈은 때로 무척 중요하다. 특히 생생한 꿈, 되풀이해서 꾸는 꿈, 또는 연속적인 꿈에 대해서는 주의할 필요가 있다.

죽어가는 사람이 당신에게 꿈 얘기를 하는 건, 느낌이 강렬하거나 궁금한 게 있는데 자기로서는 알 수 없는 뭔가를 두고 고심하는 것일 수 있다. 그에게 자세히 얘기해달라고 하고, 주의 깊게 듣는다. 그에게 그 꿈을 어떻게 생각하느냐고 묻되, 서둘러 해석하지 않는 게 좋다. 그 사람 스스로 꿈 이면의 느낌을 확인하도록 도와주는 것이 가장 좋다.

사람을 두려워하게 만드는 꿈은 병이나 죽음에 대한 두려움과 결부된 것이고, 온통 걱정만 하는 꿈은 그 사람이 가족이나 경제

적 문제, 또는 미리 수습했어야 할 일을 걱정한다는 뜻이다. 그리고 궁금증을 더하는 꿈은 대게 정보가 필요하다는 뜻이다. 그냥 단순히 꿈 얘기를 들어주는 것만으로도, 죽어가는 이들이 걱정하고 있거나 필요로 하는 것이 뭔지 짚어내는 데 도움이 될 때가 많다.

14.

"오늘은 죽기 좋은 날."

시간의 선택

죽어가는 사람들은 특정 조건에서 더 평온하게 죽을 수 있다는 걸 알기 때문에, 그 조건이 충족될 때까지 자신의 사망시간을 늦추기도 한다. 이것은 언제 죽을지 아는 것과는 다른 것으로, 사실상 자신의 사망시간을 선택하는 경우다. 특정 인물이 도착할 때까지, 남들이 자리를 뜰 때까지, 아니면 가장 마음 쓰던 사람들에게서 적절한 지원을 받을 때까지 죽지 않고 기다린다.

조지프

조지프는 외교관답게 처신했지만, 그렇다고 거드름을 피우는 사람은 아니었다. 40년 동안 다양한 직위로 세계를 돌아다녔다. 50년 동안 아내로 살아온 도로시와 그는 6개 나라 대사관에서 각국 언어들을 배우고, 집안 가득 진귀한 가구와 기념품을 수집하고, 온갖 이야깃거리를 경험하면서 두 자녀를 길렀다.

아들 패트릭과 딸 캐슬린은 장성해 직업을 갖고 각기 가정을 꾸렸다. 교사인 패트릭은 뉴욕에 살았고, 간호사인 캐슬린은 부모님 집에서 한 시간 거리에 살았다. 조지프와 도로시는 여러 이국적인 장소들 중에서도 특히 이태리, 아라비아, 영국, 잔지바르, 일본, 중국에서 보낸 시절을 가장 행복한 기억으로 간직한 채 지금은 그들의 옛집, 크고 오래된 목조 가옥에서 살고 있었다.

평생 여기저기를 돌아다닌 터라, 조지프와 도로시는 집에 있는 것을 좋아했다. 두 사람 다 왕성한 독서광이어서 도로시는 소설을, 조지프는 정치사를 즐겨 읽었다. 겨울 저녁이면 그들은 장작불이 타오르는 서재 벽난로 옆에 앉아 근무지에서의 소소한 옛 기억들을 나눠가며 회상에 빠졌다.

예순다섯에 은퇴한 조지프가 폐기종과 심장질환 진단을 받은 건 3년 뒤였다. 두 질환 다 생명을 위협하는 것은 아니었지만, 9년쯤 지나자 병이 깊어져 몸무게가 줄고, 쇠약해지고, 호흡이 가빠져 도로시에게 완전히 의존하게 되었다. 그로 인해 배와 비행기로 대륙을 횡단하던 그의 세상이, 2층 침실과 〈내셔널 지오그래픽〉지에 실린 사진면 정도로 좁아졌다. 벽난로 옆에서 책을 읽으며 도로시와 이야기를 나누는 일조차도 어려워졌다.

처음에 조지프는 정장을 갖춰 입고 살던 오랜 습관 탓에 와이셔츠와 넥타이와 빳빳하게 다린 바지를 계속 입겠다고 고집을 부렸다. 벗어둔 옷은 마호가니 옷걸이에 걸어야 하고, 구두는 반짝반짝 광을 내어 구두틀에 끼워놓아야 했다.

조지프의 건강이 악화되자 캐슬린과 패트릭은 무엇보다 어머니가 져야 하는 부담이 걱정이었다. 길게 뻗은 구식 가옥은 침실과 주방 사이를 오가는 데만도 많은 계단을 거쳐야 했다. 조지프는 그걸 불평하지 않았지만, 아내가 자주 계단을 오르내려야 하는 것에 대해서는 걱정스러워했다.

그는 캐슬린에게도 "뭔가 조치를 취해야겠다. 네 엄마는 도움이 필요해. 이건 저 사람한테 무리야."라고 말했다.

캐슬린은 곧바로 지역 호스피스 센터에 연락했지만, 가입허가가 나려면 조지프의 생존기간이 6개월 미만이라는 담당의사의 확인서가 있어야 했다. 담당의사는 조지프가 약해지고 있고 가족들의 염려가 일리 있다는 점은 인정했으나, 환자가 얼마나 더 살지를 확정하기는 곤란하다고 답해왔다.

"오랫동안 앓으시긴 했지만 환자분은 이런 식으로 더 오래 끄실 수도 있습니다." 의사는 도로시와 캐슬린에게 이렇게 말했다.

도로시는 일주일에 세 번 조지프의 간병과 목욕을 도와줄 개인 간호사를 고용했다. 그래도 여전히 많은 일들이 그녀 몫으로 남았다. 자식들은 다른 곳에 살고 있었고 직장이 있었으며 제각기 꾸려야 할 자기 생활이 있었다. 그런데 이제 상황이 그들마저 지치게 했으며, 하나같이 시간을 아무리 쪼개도 모자라겠다 싶은 심정들이 되었다.

그 사이 조지프는 체중이 심하게 줄어 얼굴이 홀쭉해졌다. 언제나 눈이 그의 얼굴에서 가장 두드러졌지만 이제는 완연히 퀭해졌다. 체지방이 줄면서 뼈가 앙상하게 드러나기 시작했는데, 그 때문에 인상만 해골 같아진 게 아니라 몸을 못 움직이다 보니 약해진 피부를 눌러 욕창의 위험까지 커졌다. 원래도 근육질의 남자는 아니었지만 이제는 가냘프기까지 했다.

캐슬린은 "아빠가 침대에서 내려오시는 걸 도와드릴 때면 그 가냘픈 뼈가 내 손 안에서 똑 부러질 것 같다니까요."라고 말했다.

그의 건강은 나날이 악화되었다. 정장을 갖춰 입는 것도 그만뒀지만 아쉬워하는 것 같지는 않았다. 침실 창가의 의자에서 보내는 시간도 차츰 줄었고, 〈내셔널 지오그래픽〉도 이젠 보지 않았다. 그는 쉽게 피곤해했다. 때로는 손주들이 옆에 있는 것만으로도 녹초가 되었다. 하지만 혼자 있고 싶어하지는 않아, 더 자주 도로시를 찾았다. 그녀가 곁에 와서 뭐가 필요하냐고 물으면, "아무 말 하지 말고 그냥 여기 좀 있어줘." 하고 말했다. 캐슬린이 들렀을 때 그는 딸의 손을 꼭 쥐고 말했다.

"난 못 일어날 게다. 죽을 거야."

어느 일요일 오후, 평소와 다름없이 캐슬린이 들렀다. 그런데 양친을 보는 순간 그녀는 왠지 불안해졌다. 어머니는 신경과민이었고, 며칠째 자리보전하고 누워 있던 아버지는 음식물을 삼키는 데 애를 먹고 있었다. 캐슬린은 의사에게 전화를 걸어 아버지의 임종이 가까워진 게 아니냐고 물었다.

"그럴지도 모르죠. 아주 허약해지셨으니까요. 그렇긴 해도, 아버님이 그렇게 되신 지는 이미 오래됐습니다. 그분이 정확히 얼마나 사실지는 정말 말씀드리기 어려워요."

캐슬린은 가슴이 미어지는 것 같았다. 간호사인 그녀는 그 병의 기복에 대해 잘 알고 있었다. 그렇다고 자기 가족과 직장 일을 제쳐두고 부모 곁에만 있을 수도 없는 노릇이었다. 그녀는 일단 집으로 돌아가기로 마음먹었다.

그러나 부모 집에서 멀어질수록 불안했다. 아버지 임종을 놓칠지도 모른다는 불안감과 내일 오전에 들러야 하는 환자방문 일정, 또 십대인 아이들을 내팽개쳐 둘 수는 없는 상황이 그녀를 괴롭혔다. 누가 딱 잘라 정해줬으면 좋겠다는 생각까지 들었다.

캐슬린이 자기 집 거실에 들어서는 순간 아이들은 엄마의 심란함을 눈치챘다. 딸이 얼른 그 문제를 해결해주었다.

"엄마, 그것 때문에 아무것도 못할 것 같으면, 차라리 거기 가서 아무것도 못하는 게 나을 거예요. 게다가 우리는 친구들이랑 같이 있는 것도 괜찮아요."

그게 바로 캐슬린이 듣고 싶은 말이었다. 그녀는 갈아입을 옷 한 벌만 챙겨 양친이 계신 집으로 돌아갔다. 밤은 거기서 보내고 일찍 일어나 예정대로 근무하러 가겠다고 생각하면서. 그녀가 문을 열고 들어서자, 도로시가 그녀를 반겼다.

"네가 돌아와서 정말 기쁘구나, 얘야. 너한테 여기 있어 달라고 부탁까지 하고 싶지는 않았지만 그래도 사실 내내 초조했단다. 네 아버지가 어딘가 좀 달라지셨어. 그런데 뭐가 뭔지 알 수가 있어야지."

조지프는 캐슬린이 돌아온 것을 보고 놀라는 것 같았다. 그녀는 그의 베개를 만져주고 입을 맞추었다.

"저 왔어요, 아빠. 오늘은 제가 여기 있기로 했으니까 엄마 혼자 계시지 않아요."

아버지는 안도의 미소를 지으며 그녀에게 손을 내밀었다.

그는 눈을 감으며 "잘 왔다. 이제 내가 좀 누워도 되겠구나." 하고 말했다.

캐슬린은 그 말에 어리둥절했다. 그는 일주일째 자리보전하고 누워만 있었으니까. 그래도 그녀는 아무런 내색을 않고 이불을 덮어준 다음, 아래층으로 내려가 어머니와 커피를 한 잔 마셨다. 주방 식탁에 앉아 한숨 돌리고 난 그녀가 어머니에게 말했다.

"아빠가 혼미해지셨던 적이 없었는데, 좀전에는 '이제 내가 좀 누워도 되겠구나.' 하시는 거예요. 그건 말이 안 되는 게, 아빠가 지금 하시는 거라곤 누워 계시는 게 전부잖아요."

"글쎄다, 네 아빠가 꿈을 꾸신 게지. 우린 둘 다 지쳤다. 오늘밤에는 더 이상 어떻게 해볼 수 있을 것 같지 않구나. 눈 좀 붙이자. 내일 아침이면 뭔가 분명해지겠지."

새벽녘 도로시는 조지프가 침대에서 내려오려는 기척을 듣고 깼다.

"조, 어딜 가시려고요?"

그는 간절히 "난 눕고 싶소!"라고 말했다. 그녀가 일어나 그냥 침대 위에 누워 있으라며 그를 달랬다.

그녀는 다시 자기 침대로 돌아갔다. 그러나 그녀는 몇 분 안 가 조지프의 마지막 숨소리에 다시 잠을 깼다. 그녀는 옆방에서 자고 있던 캐슬린에게 소리를 질렀다. "어서 이리 와봐라! 오, 이런! 이 이가 가나 보다. 이러면 안 되는데…… 돌아가셨니?"

아버지의 맥박을 확인한 캐슬린이 어머니를 껴안았다.

"돌아가셨어요. 엄마." 그들은 서로 부둥켜안은 채 그의 곁에 주저앉았다.

"이이가 죽어가고 있는데 어떻게 내가 잠이 들 수 있었을까? 이럴 줄 알았더라면 밤새 곁을 지켰을 텐데."

"엄만 그러셨을 거예요. 하지만 엄마가 바로 옆 침대에 계셨다는 걸 아빠도 알고 계셨잖아요. 엄마가 밤을 새셨으면 아빠가 걱정하셨을 게 뻔해요. 아빠는 소란 피우는 걸 안 좋아하셨잖아요."

어머니와 딸은 침묵 속에 그대로 앉아 있었다. 서가에 가지런히 꽂혀 있는 〈내셔널 지오그래픽〉의 밝은 노란색 표지를 비추며 방 안 가득 동이 터왔다.

캐슬린이 말했다. "어젯밤 아빠가 저한테 하셨던 말씀을 생각해봤어요. 아빠가 '이제 좀 누워야겠다'고 하셨을 때 그 말뜻은 쉬겠다는 게 아니라 다 놓고 가시겠다는 거였어요. 아빠는 제가 이 집에 있길 바라셨어요. 그래야 아빠가 돌아가실 때 엄마 혼자가 아닐 테니까요. 그리고 아빠는 당신이 살아오신 방식대로 돌아가셨어요. 조용하고 평온하게요. 그러면서도 우리 둘을 염려해주신 거죠. 그게 아빠가 우리를 위해 해줄 수 있는 마지막 배려였을 거예요."

아버지의 장례식에서, 캐슬린은 아버지가 던진 마지막 한마디에 자기가 엉뚱한 반응을 보였던 일을 직장동료들에게 이야기했다. 그녀는 노련한 간호사인 자신마저 아버지가 던진 메시지의 속뜻을 놓친 걸 보면, 사랑하는 사람이 죽어가는 고통에 말려들어 경황이 쉬 없어지는 것 같다고 말했다.

"내 환자들 중에 누가 '이제 좀 누워도 되겠다'고 했다면 난 그 말뜻을 금방 알아차렸을 거야. 그런데 바로 우리 아버지였기 때문에 그걸 놓친 거지. 그래도 아무튼 내가 거기 있었다는 것만으로도 아빠에게 평화롭게 떠나실 기회를 드린 걸 거야. 내가 어머니를 도와드리려고 가까이 있었다는 걸 알고 계셨으니까."

헤이즐

헤이즐은 난소암으로 죽어가고 있었다. 그녀는 딸 셋을 두고 있었는데, 큰딸 데비는 결혼해서 몇 킬로미터 떨어진 데 살았고, 스물다섯인 수지는 아직 집에서 같이 살고 있었다. 부모는 막내 신디를 가리켜 '우리 문제아'라고 했다. 그녀는 열여덟에 배우가 되겠다고 집을 나가 헤이즐과 남편 돈의 속을 태웠다. 신디는 편지 한 통 보내온 적이 없었고, 좀체 전화도 걸지 않았다. 이따금 불쑥 찾아와서는 그때마다 같은 문제로 엄마와 말다툼을 벌이다가 떠나는 게 전부였다. 신디는 헤이즐이 지배적이고 독단적이라 비난했고, 헤이즐은 신디가 정이 없고 무책임하다 생각했다.

"문제는, 둘이 서로 너무 똑같다는 겁니다. 둘 다 강하고 머리 좋고 사랑스러운 여자들인데 보스 기질 역시 대단하지요. 나나 위의 딸들에게는 그게 아무 문제도 안 돼요. 우리는 될 대로 되겠지 하고 그냥 굴러가게 놔두거든요. 그런데 저 두 사람은 서로 너무 삐

걱거려요. 신디한테 할 수 있는 최악의 악담이 제 엄마를 빼닮았다는 거라니까요. 걔는 그걸 심한 모욕으로 받아들이지요."

의사가 헤이즐에게 얼마 못 살 것 같다고 하자, 그녀와 돈은 먼저 데비와 수지에게 그 소식을 알렸다. 그들은 가능한 한 오래 엄마가 집에 계실 수 있도록 자기들도 돕겠다고 약속했다. 다음엔 뉴욕시에 살던 신디에게 전화를 걸었다. 그녀는 울먹이긴 했지만 침착했다. 돈과 헤이즐이 마지막 몇 달만이라도 집에 와 있는 게 어떻겠느냐고 묻기 전까지는 말이다.

"안 가요, 안 가!" 신디는 빽 소리를 지르고 수화기를 쾅 내려놓았다. 하지만 몇 분 뒤, 집에 잠깐 들르겠다는 전화가 걸려왔다.

신디는 그 뒤 몇 달 동안 서너 차례 집에 들렀지만 어머니와 함께 보내는 시간이 이전보다 나아지지는 않았다. 그나마 헤이즐은 상담을 통해 이 힘든 관계에서 오는 아픔에 대처할 수 있었지만, 신디는 도움이나 상담을 받아보라는 몇 차례 제안을 일축했다.

헤이즐의 병세는 어느 날 아침 갑자기 심부전 징후를 드러내면서 급격히 악화됐다. 죽음이 임박해진 것이다. 그녀는 호스피스 병동으로 옮기기로 결심했다. 구급차를 기다리는 동안 돈은 세 딸에게 전화를 걸었다. 병원에 도착하니 데비와 수지는 먼저 와서 기다리고 있었지만, 신디는 그날 밤 열한 시나 되어야 도착할 수 있는 상황이었다.

헤이즐은 의식을 잃었다. 혈압은 아주 낮았고 맥박은 대단히 희미했으며 호흡은 거의 들리지 않았다. 그녀는 오후까지 견딜 수 있을 것 같지 않았다. 돈과 데비, 수지가 계속해서 말을 걸고, 곧 신디가 올 거란 얘기도 했다.

대부분의 가족들이 그렇듯이 그들도 "엄마 사랑해요." "엄마 고마워요." 같은 몇 마디를 하고 나니 할 말이 없었다. 내가 제안했다. "가족끼리 함께했던 추억을 돌이켜보시면 좋을 텐데요." 헤이즐이 베개 속에 파묻혀 있는 동안 돈과 딸들은 침대에 걸터앉아 지난 얘기를 주고받았다.

밤 11시가 되기 직전, 헝클어진 모습의 신디가 나타났다. 아버지와 언니들은 포옹과 입맞춤으로 그녀를 맞고는, 그녀를 위해 엄마한테 가까운 자리를 내줬다. 그녀는 헤이즐의 뺨에 입을 맞춘 뒤 엄마의 손을 잡고 흐느꼈다. 몇 분 뒤 그녀는 수지에게 휴지를 달라고 했고, 데비가 그녀에게 차 한 잔을 내밀자 고맙다며 고개를 끄덕였다. 그녀는 돈이 하는 지난 얘기들에 귀를 기울이며 마음을 가라앉혔다. 신디에게도 나름의 추억이 있었다. 그녀는 신학기가 되어 언니들이 대학으로 떠나고 나면 엄마가 자기한테 점심을 사주려고 데리고 다니던 일이 떠올랐다.

신디가 차를 홀짝이며 말했다. "엄마한테는 한 번도 얘기 안 했지만, 덕분에 난 내가 특별한 사람이란 느낌을 받곤 했어. 게다가 사람들이 나한테 엄마를 쏙 빼닮았다고 하면 무척 자랑스러웠는데. 그런 얘기를 입 밖에 내지 않았어. 난 엄마한테 정말 못되게 굴었어. 그런데 잘못을 빌기엔 이제 너무 늦었어."

"간호사는, 네 엄마가 우리가 하는 얘기를 분명히 듣고 있을 거라더구나. 아마 엄마는 네가 방금 한 얘기도 들었을 게다. 엄마한테 다시 얘기하고 싶지 않니?"

신디는 심호흡을 하고 어머니의 얼굴을 들여다보며 그 이야기를 되풀이했다. 엄마의 의식 없는 뺨에도 눈물이 비쳤다.

새벽 2시 30분 경, 헤이즐의 호흡이 아주 불규칙해졌다. 돈과 세 자매는 헤이즐의 손과 서로의 손을 잡고 그녀 곁에 바짝 다가앉았다. 그녀는 느린 숨을 몇 번 쉰 다음 마침내 호흡을 멈추었다. 평화롭고 고요하게 마감된 생애였다.

헤이즐과 비슷한 일화는 많다. 죽어가던 한 여인은 딸이 유럽에서 돌아올 때까지 기다렸다. 어떤 남자는 아내가 다른 지방에 사는 병든 부모의 뒷바라지를 위해 떠나자, 그 일을 끝내고 돌아올 때까지 기다렸다. 그는 "그 사람이 두 군데서 동시에 고비에 부딪혀서는 안 되니까요."라고 말했다. 한편 우리는 사랑하는 사람이 자기 곁에서 자리를 비울 때를 기다리는 사람도 보았다.

캐티

캐티의 일화는 사랑하는 사람에게 수고를 끼치지 않으려고 사망시간을 선택한 전형적인 사례에 해당한다. 여기에는 간호사나 전문 간병인들이 귀담아 들을 중요한 메시지도 담겨 있다.

재능 있는 무용가이자 무용교사이고, 작가를 꿈꾸던 캐티는 결혼한 지 석 달만에 뇌종양 진단을 받았다. 그녀와 연하의 남편은 기가 막혀 기절할 지경이었고, 그녀의 부모 역시 그러했다.

그녀의 어머니는 소설가로, 식품회사 소속 연구원으로 일하는 것도 잠시 접고 딸의 간병을 도왔다. 그들 모녀 사이는 아주 각별해서, 어머니가 캐티에게 미치는 영향력이 상당했다.

내가 처음 방문했을 때, 캐티는 자기에게 꼭 이뤄야 할 중요한 목표 두 가지가 있다고 못 박았다. 그건 첫 결혼기념일을 축하하는 것과 20세기 초 안무가들의 안무양식을 비교하는 책의 집필을 끝내는 것이었다. 연구는 병을 앓기 직전에 끝나 있었다. 그녀는 이사도라 던컨 같은 옛 안무가들을 연구하면서 발견했던 그 흥분과 열정을 젊은 무용가나 아마추어들에게 전해줄 수 있는 글을 쓰고 싶어했다.

그녀가 이 말을 했을 때 나는 착잡한 심정을 가눌 수 없었다. 두 목표 다 그녀 정도의 병세라면 이룰 수 없을 것 같았기 때문이다. 6개월 남은 결혼기념일까지도 못 살 것 같았는데, 하물며 책을 완성할 기운이나 집중력이 있을 리 만무했다. 그러나 나는 죽어가는 사람들에게 중요한 목표가 있을 경우, 그것을 달성하는 경우가 더 많다는 것도 알고 있었다.

"당신 목표를 아는 게 내게도 도움이 됐어요. 그럼 부지런히 해 보자고요. 우린 가야 할 길이 머니까요." 내가 이렇게 말하자, 그녀도 빙그레 웃었다.

캐티의 부모는 사위가 직장 일을 계속할 수 있도록 전일제 개인 간호사를 고용했다. 누워 있기만 하고 앞도 못 보는 상태라, 혼자서는 아무것도 할 수 없는 그녀는 생리적 욕구들까지 보살핌을 받아야 했다. 그러나 강한 정신력과 기발한 재치는 여전히 잃지 않았다. 그녀가 앓아 누웠는데도 캐티 집에서는 웃음소리가 터져 나왔고, 멋진 이벤트들도 곧잘 꾸며지곤 했다.

캐티는 뇌질환이었기 때문에 자주 졸려했다. 깨어 있을 때에도 사고과정이 단편적이었다. 그런데도 그녀의 어머니가 그녀의 침대 옆에 앉아, "캐티, 난 네 글을 받아쓸 준비가 다 됐다."라고 말하면, 캐티의 정신은 스위치를 켜기라도 한 듯 순식간에 맑아졌다. 그녀가 자신의 연구성과와 견해를 구술하면, 그녀의 어머니는 그것을 받아 적어 체계화시켰다.

그런 다음에는 어머니가 "이제 네가 좀 피곤한 것 같구나. 오늘은 그만 하자."라고 말하면, 캐티의 사고과정과 말은 다시 분열되고 혼미해지는 것이었다.

놀랍게도 캐티는 기적같이 원고를 끝마쳤고, 그것은 그녀가 죽기 직전 출판 허락을 받았다. 마찬가지로 놀라운 일이었지만, 캐티는 결혼기념일을 축하할 때까지 살았다. 그것은 대단한 파티였다!

목표를 달성하고 나자 우리는 마음을 다잡고 캐티의 죽음에 대비해야 했다. 우리 모두가 그녀에게 무척 애착을 느끼고 있었기 때문이다. 병이 그토록 깊어진 그녀를 살아 있게 하는 게 뭔지는 아무도 알 수 없었다.

그러다 그녀의 어머니가 유럽에서 유명한 상을 타게 되었다. 캐티의 부모는 그들이 없는 사이에 그녀가 죽을 게 분명하다고 생각했기 때문에 갈지 말지를 두고 고민했다. 한 번은 그녀가 캐티의 정신이 맑아졌을 때, 어떻게 했으면 좋겠냐고 물었다.

"전 엄마가 가셨으면 좋겠어요. 엄마가 그렇게 열심히 노력해서 받는 상인 만큼 이건 저한테도 중요해요." 그래서 두 사람은 그렇게 하기로 결정을 내렸다.

어머니가 캐티의 삶에서 행하는 역할이 워낙 컸기 때문에, 나는 캐티를 붙잡고 있는 건 어머니일지도 모른다고 생각했다.

죽어가는 자녀가 평화롭게 죽기 위해 부모를 멀리 보내는 경우는 흔히 있는 일이다. 죽는 순간을 목격하는 괴로움을 부모에게 주지 않으려는 듯이 말이다.

그래서 캐티의 부모가 유럽에 가기로 결정하고 나자, 나는 그녀가 필요로 했던 것이 이것이었구나 하고 깨달았다. 엄마가 그녀의 방이나 아파트, 동네에 없는 것만으로는 충분하지 않았을 테니까. 캐티가 안심하고 죽을 수 있으려면 그 정도는 멀리 떨어져 있을 필요가 있었을 테니까.

그녀의 부모는 눈물을 흘리며 캐티와 작별인사를 한 후, 여행을 떠났다. 그러나 캐티는 죽지 않았다. 간호사들은 나름대로 캐티에게 뭐가 필요한지 짚어내려고 애썼으나, 그녀는 이제 자기 뜻을 알릴 수도 없는 상태였다.

그런데 캐티는 그야말로 아무 예고도 없이 불시에, 우리조차 곁에 없을 때 조용히 숨을 거뒀다. 그건, 차에서 비품을 꺼내느라 낑낑거리는 저녁 당번 간호사를 도우러 낮 당번 간호사가 캐티를 혼자 두고 달려 나갔던 3분 정도 사이에 일어난 일이었다. 그건 몇 달 동안 그녀가 혼자 있었던 유일한 시간이었다. 캐티는 그때를 선택했다. 그녀의 남편은 조깅을 하고 있었고, 부모님은 유럽에 가 있었으며, 두 명의 간호사조차 그녀의 침대 곁을 떠나 있던 그 순간을.

돌이켜보면, 캐티가 자신을 보살펴준 사람들에게 수고를 끼치지 않는 것, 혼자 죽기를 선택함으로써 그들에게 자신의 용기를 보여준 것인지도 모른다는 생각이 들었다. 여기서 중요한 메시지는, 어떤 환자들은 그들이 우리를 돌보려 한다는 점이다. 우리가 아무리 그건 당신들 몫이 아니라고 역설해도 말이다. 간호사들이 그녀를 사랑하게 됐던 것처럼 캐티도 그들을 사랑하게 되었다. 또 그들이 오랫동안 자신을 훌륭히 보살펴준 것처럼, 그녀도 죽어가면서 그들을 보살폈다. 그들은 서로를 아껴주고 배려해주고 보살펴준 것이다.

루이즈

말이 적고 기품 있는 예순의 루이즈는 아내이자 어머니이며 주부로서의 삶에 만족하며 살았다. 그녀의 결혼생활과 장성한 자식들, 아름다운 집은 그녀가 바친 사랑과 시간투자를 그대로 반영하고 있었다. 그녀의 인생은 모든 면에서 성공적이었다.

남편 리처드의 퇴직이 다가오자, 그들은 큰 집을 팔고 시내에 땅값 비싼 지역에 작지만 고급스런 아파트를 샀다. 어떤 의미에서는 새로 시작하는 거나 마찬가지였다. 아이들 없이, 새로운 주거공간에 둥지를 틀어야 하는 셈이었으니까.

루이즈는 굉장한 열정으로 세밀한 데까지 주의를 기울이며 인테리어에 몰두했다. 아직 완전히 마무리되지 않았는데도 지금까지 꾸며진 것만으로도 최고급 실내장식 잡지의 지면을 빛낼 수 있을 정도였다. 정말 아름다웠다!

루이즈가 며칠 내내 피로감을 호소하기 시작했을 때, 리처드는 건강진단을 받아보게 하려고 그녀를 주치의에게 데려갔다. 검진

몇 시간 후 의사한테서 전화가 왔다.

"백혈구 수치에 심각한 문제가 있습니다. 지금 당장 병원으로 모셔야 합니다. 거기서 뵙지요!" 정밀검사를 통해 그가 두려워하던 의혹이 확인되었다. 루이즈는 급성 백혈병이었다. 그녀는 바로 병원에 입원했다.

화학요법은 사람을 녹초로 만들었지만, 루이즈는 그녀의 스타일답게 조용하고 기품 있는 태도로 그것을 감수했다. 그러나 리처드에게 자꾸만 "난 그냥 내 방, 내 침대에서 지내고 싶어요."란 소망을 비쳤다.

하지만 퇴원해도 될 정도로 좋아질 만하면 그때마다 어김없이 합병증이 생겨 퇴원이 미뤄졌다. 루이즈는 리처드에게 자기가 찍어둔 콘도의 사진들을 갖다달라고 부탁했다. 그녀는 간호사들에게 사진을 보여주며, "이래야 어디서 인테리어를 그만뒀는지 잊지 않아요."라고 설명했다.

딸은 그녀에게 커튼감과 벽지 견본을 들고 와 골라보길 권했다. 그러나 얼마 지나지 않아 너무 쇠약해진 그녀는 이런 소소한 즐거움조차 누리기 힘들어졌다.

이 와중에 의사는, 그녀가 워낙 급격히 악화되고 있기 때문에, 치료를 계속하는 것이 오히려 그녀의 죽음을 재촉할 뿐이라고 알려왔다. 리처드와 자녀들은 루이즈와 함께 의논했다. 루이즈가 원하는 건 한 가지뿐이었다.

"날 집에 데려다줘요. 난 아름다운 우리 집, 내 방에 있고 싶어."

다음날 개인간호사와 나는 약속시간 훨씬 전에 그 집에 도착했다. 집을 한 번 둘러본 다음, 우리는 루이즈를 맞을 만반의 준비가 되어 있다고 확인해주었다. 모든 것이 순조로웠다. 냉장고에 들어 있는 그녀가 가장 좋아하는 아이스크림을 비롯해 모든 것이 완벽하게 갖춰져 있었다. 그가 안도의 숨을 내쉬며 다시 한 번 다짐했다.

"빠진 것 없죠? 그 사람을 위해서라면 모든 게 완벽해야 합니다."

간호사들이 이동식 침대에 루이즈를 태우고 아파트 현관 안으로 들어서자, 그녀의 눈에 생기가 돌았다. 그녀는 사방을 둘러보며 환하게 미소 짓고는 간호사들에게 부탁했다.

"날 거실에 데려다줄래요? 잠깐 거기에 들러도 된다면 말이에요." 그들은 미소를 지으며 고개를 끄덕였다. "그럼 이제 식당도 좀." 그녀가 다시 조심스럽게 부탁했다. 그 다음엔 주방과 서재, 발코니, 작업실, 그리고 침실 하나하나가 다 루이즈의 꼼꼼한 검사를 받았다. 리처드가 루이즈의 귀가를 기념해 방마다 꽃꽂이를 해둔 것이 특히 그녀를 기쁘게 했다. 마지막으로 자신의 침대에 눕자, 그녀는 지극히 만족스런 한숨을 내쉬었다.

"여보. 정말 고마워요. 모든 게 정말 아름다워요!"

그녀는 남편의 손을 자기 뺨에 갖다 대고 입을 맞추었다.

개인간호사가 루이즈를 돌보고 있는 사이, 나는 필요한 주의사항을 마저 일러주려고 리처드와 거실로 나왔다. 잠시 후 간호사가 달려왔다.

"빨리 와보세요. 돌아가시나 봐요."

우리가 침실에 도착했을 때는 이미 루이즈가 숨을 거둔 다음이었다. 얼굴에는 아직도 환하게 빛나는 미소를 띤 채.

어떤 이들은 루이즈가 환경과 무관하게, 어쩌다 보니 그 순간에 죽었을 거라고 생각할지도 모르겠다. 그럴 수도 있다. 더 오래 살 가망은 없었으니까. 루이즈는 자신이 죽을 걸 알았기에, 아름다운 자기 집으로 돌아가고 싶어했다. 하지만 우리는 어쩐지 그녀가 그 소원을 성취한 시간에 딱 맞춰 죽은 것 같다고 느꼈다. 조용히 평화롭게.

주디

열일곱 살의 주디는 백혈병이었다. 그녀는 어떻게든 고등학교만큼은 마치고 싶어했지만 자신이 졸업 전에 죽을 걸 알고 있었다. 그녀의 부모, 존과 매리언은 끝까지 싸워보자며 그녀를 격려했다.

어느 날 저녁 존이 내게 전화를 걸어 말하기를, 주디가 사람이 죽고 나면 사망에서 장례식까지의 시간이 대략 얼마나 걸리느냐고 물었다는 것이다. 그와 아내는 괜히 어두운 생각을 불러일으키고 싶지 않아 그 질문을 교묘히 피했다.

"아이한테 얘기해줄 수도 있었지만 그러면 안 될 것 같아서요. 아이가 그런 걸 왜 알고 싶어할까요?"

나는 그들에게 주디에게 사실대로 얘기해주고 왜 그게 알고 싶은지 슬쩍 물어보는 게 어떻겠냐고 했다.

"마음을 열고, 성심껏 대답해주세요."

존은 주디에게 대답을 피했던 걸 사과하고, 사람이 죽고 나면 장례식까지는 대개 이삼일 정도가 걸린다고 설명한 다음, 그게 왜 궁금하냐고 물었다.

"학교에 문제를 일으키고 싶지 않아서요. 대학입시 공부하느라 죄다 바쁜데 제 장례식이 주중에 있으면 애들이 괜히 심란해져서 집중을 못 할 거 아녜요. 그래서 생각해보니 금요일이 제일 좋을 것 같아요. 애들은 방과 후에나 알 수 있을 테고, 엄마 아빠는 토요일 하루종일 친척들을 불러 모으시겠죠. 장례식은 일요일에 치를 수 있을 테니까 제 친구들은 학교를 안 빼먹어도 되잖아요."

그날 밤 존은 이 대화를 나에게 자세히 들려줬다. 나는 그에게 주디가 얘기할 때 어떤 느낌이 들더냐고 물었다.

"글쎄요, 매리언과 나는 주디가 자기 장례식 치르는 얘기를 어떻게 그토록 담담하게 할 수 있는지 믿기지가 않았어요. 아이는 전혀 심란한 것 같지 않았어요. 어떻게 그럴 수 있죠?"

나는 아마도 주디가 죽음을 마음 편하게 받아들이고 있으며, 그런 만큼 자신의 사망시간을 조절할 수도 있을 테니 금요일에 죽을 가능성이 상당히 높다고 말해주었다.

"다니는 교회에서는 일요일에도 장례식을 치릅니까?" 내가 물었다.

"전에는 일요일에 장례식을 치른 적이 없는 것 같아요. 기억에 없거든요. 목사님한테 물어봐야겠죠? 그런 걸 물어보면 날더러 미쳤다 그럴까요?" 존이 말했다.

나는 그 문제를 목사와 의논해보라고 존을 격려해주었다. 다행히 목사는 주디가 바란다면 일요일 장례식을 포함해서, 자신이 도울 수 있는 건 어떻게든 다 돕겠다고 했다.

몇 주 뒤 금요일 정오를 막 지났을 때, 주디가 죽은 건 놀랄 일이 아니었다. 교장은 3학년 회의를 소집해 주디의 죽음을 알렸다. 주말은 주디가 예상했던 일정대로 순조롭게 지나갔다. 존과 매리언은 죽음에 대한 딸의 태도에 동화되었는지 담담했다. 또한 그들은 자기 주변 사람들을 배려했던 딸을 자랑스러워했다.

우리 모두에게는 뜻 깊은 날이 있다. 생일, 결혼기념일, 축제일 같은. 죽어가는 사람들은 종종 가족들이 그 중요한 날을 망치지 않도록 그날이 지나갈 때까지 죽지 않고 기다리려 한다.

알

알은 평생을 싸움질로 보내온 쉰 살의 건달이었다. 이건 그의 지친 눈빛과 흉터투성이 몸에서도 여실히 드러났다. 그는 노동자였다. 4년 전 그와 결혼한 크리스틸은 건축자재상 점원이자 식당 종업원이었다. 술에는 술로 그와 대적하고, 그가 해군 시절에 새긴 문신을 자랑하면 날계란을 던지며 야유를 퍼붓는 사람이었다.

알과 결혼하기 전, 크리스틸도 힘든 삶을 거쳤다. 파경에 이른 결혼과 혼자서 악착같이 자식들을 길러야 했던 것, 밑바닥까지 가버린 가난은 그녀에게 신산스러운 삶의 흔적들을 남겼다. 그러나 어찌되었든 그들은 서로를 발견했고 동거에 들어갔으며 마침내 결혼했다. 그들은 행복했고, 서로 떨어질 수 없었으며, 작은 아파트에 들여놓은 몇 안 되는 가재도구까지도 자랑스러웠다.

알은 신장암으로 여러 차례 수술과 치료를 받으면서도 힘닿는 데까지 일을 계속했다. 쇠약해진 데다 체중까지 많이 줄고 나니 한때 건장했던 남자로서의 모습은 흔적도 남지 않을 정도가 되었다. 일을 할 수 없게 된 그는 적은 수입과 늘어나는 의료비 때문에 앞으로 어떻게 꾸려나갈지 걱정이 태산이었다. 그러면 크리스틸은 퉁퉁한 팔로 그를 얼싸안으며, "걱정 마, 자기! 자기한테 나 크리스털이 있는 한 자기는 세상을 다 가진 거야."라고 말하곤 했다.

그녀는 철물점에서 주 40시간을 일했고, 또 다른 20시간은 싸구려 철야영업 식당에서 점원으로 일했다. 돈이 필요해서였지만 그녀는 알을 혼자 남겨두고 다니는 게 늘 걱정이었다. 어느 날 퇴근해 집에 돌아온 그녀는 알이 마루에 쓰러져 있는 걸 보고 기절할 뻔했다. 그는 소파에서 미끄러지고 나서 일어나지를 못해 그녀가 퇴근해오기를 기다리며 그대로 엎어져 있었던 것이다.

"그럴 줄 알았어!" 그녀는 직장을 전부 그만두었다. 그녀는 정부의 특별간병 보조도, 친구나 친척들로부터의 도움도 다 거절했다.

"저이는 내 남자야. 저이 시중은 내가 들어! 돈 걱정은 나중이야. 지금 저 사람에게는 내가 필요해!" 크리스털은 씩씩하게 말했다.

돈을 벌기 위해 그녀는 빨랫감을 맡았고 방과 전후로는 아파트에서 이웃 아이들의 탁아일을 했다. 그런 엄청난 상황을 앞에 두고도 알과 크리스털은 행복했고 오히려 더 가까워졌다.

크리스마스 2주 전, 알이 다시 낙상하는 바람에 엉덩이뼈가 부러졌다. 알이 병원에 입원하자, 크리스털은 그의 병상 옆 의자로 옮겨왔다. 나는 그녀에게 밤에는 집으로 돌아가라고 몇 번이나 권했다. 병원 의자에서 이러다가 그녀마저 녹초가 되지 않을까 걱정이 되어서였다. 그녀가 소리 내어 웃으며 말했다. "아니, 괜한 걱정 마세요, 난 잘만 자니까. 온몸에 베개를 두르고 있잖아요!" 그녀는 자신의 퉁퉁한 몸을 툭툭 쳐보이고는, 잠시 후 내게 현관으로 따라 나오라는 몸짓을 했다.

"난 저 사람이 말도 없이 나를 슬쩍 떠나버릴 것 같다는 느낌이 들어요." 그녀가 말했다. 눈에서는 눈물이 끊임없이 솟아오르고 있었다. "저이는 내처 잠만 자고 먹지도 않네요. 게다가 이따금씩 미친 소리도 하고. 자꾸 '망치면 안 돼, 내가 망쳐놓을 수는 없어.'란 말을 하는데, 도통 무슨 얘긴지 알 수가 없어요. 저이는 자기가 집에 있다고 생각하는지 나한테 자꾸 크리스마스가 지나갔는지 물어보는데, 저이를 집으로 데려가야겠어요. 내 할 얘기는 이게 다예요!"

나는, 죽음이 가까워오면서 알이 그녀의 크리스마스를 망치지 않을까 걱정하는 게 아니겠느냐고 말했다. 올 크리스마스뿐 아니라 장래의 크리스마스까지도 슬픈 기억 때문에 망쳐놓지 않을까 하고 말이다. 그녀의 눈이 휘둥그레지더니 도로 병실로 씩씩하게 걸어 들어갔다.

그녀가 단호하게 말했다. "내 말 잘 들어, 알. 자기가 날 망치는 일 같은 건 아무것도 없어, 그런 건 아예, 절대! 있을 수 없어. 난 자기를 사랑하니까. 이제 우린 집으로 돌아갈 거고 내가 자기를 뒷바라지할 거야. 내 말 들려?"

알이 미소를 지으며 고개를 끄덕였다.

구급차가 그를 축제의 현장인 집으로 데려갔다. 사방이 음악과 전구와 장식용 색종이 테이프와 장식품 천지로 꾸며져 있었다! 크리스틸은 제일 멋진 옷을 입고 크리스마스 트리 모양의 귀고리를 했고, 거실 한가운데에는 선물로 가득한, 임대해온 병원 침대가 떡 버티고 있었다. 알의 눈이 아이의 눈처럼 휘둥그레졌다.

26일 밤 그는 크리스틸로부터 받은 크리스마스 선물 가운데 몇 가지를 걸치고 평화롭게 숨을 거뒀다. '손 떼! 그는 내 거야!'가 새겨진 티셔츠를 입고 모조 금목걸이를 목에 건 채로. 그 당시 크리스틸은 병원에서처럼 침대 위 그의 손 가까이에 머리를 두고 그의 옆 의자에 쪼그려 앉은 채로 잠들어 있었다.

장례식에서 만났을 때, 그녀가 말했다. "미치광이 소리 같겠지만, 그래도 나한테는 최고의 크리스마스였어요. 그이는 내 크리스마스를 망쳐놓을까 봐 걱정했지만, 내가 자기한테 법석 떠는 걸 좋아한다는 걸 알고 있었죠. 그 법석도 그이한테 준 선물의 하나고. 올 크리스마스는 나한테 정말 특별했어요. 못 잊지, 못 잊어!"

크리스틸은 알이 "망치면 안 돼!"라면서 크리스마스에 대해 몇 번이나 물었던 것에서 그의 고민을 알아차렸고, 그 고민을 덜어주기 위해 자기가 할 수 있는 일을 했다. 바로 그가 그토록 간절하게 필요로 했던, 죽어도 좋다는 허락과 마음의 준비가 되어 있다는 확인.

때로는 조건 중에 죽어도 좋다는 허락을 받는 것이 포함되기도 한다. 허락은 대개가 "다 잘 될 거야."라는 식의 간접적인 것이지만, 좀 더 구체적으로 "그만 털어버리고 가. 네가 그립겠지만 그래도 넌 이제 가야 하잖아." 하는 식일 수도 있다. 때로는 그런 허락이 아주 노골적이고 단도직입적이어야 하는 경우도 있다.

* * *

이 책에서 다룬 자료들을 발표했을 때, 나는 이 주제가 사람들에게 대단한 설득력을 갖는다는 것을 발견했다. 사람들은 흔히 이렇게 말한다. "이제야 지난 몇 년 동안 절 괴롭히던 문제가 납득이 되는군요."라고. 그러면서 그들은 여러 가지 일화를 들려줄 것이다.

"십년 전, 우리 남편/어머니/아이가 몹시 아파 입원했지요. 나는 일주일을 꼬박 거기서 보냈는데, 어느 날 저녁, 그녀/그가, '당신 오늘밤엔, 집에 가서 좀 쉬어요.'라고 하더군요. 그래서 밤 10시에 집에 갔죠. 그런데 그날 자정에 그녀/그가 죽었어요. 오늘날까지도 나는 임종을 지키지 못했던 것에 죄책감을 느끼며 살았는데, 이제 보니 어쩌면 그녀/그가 그런 식으로 죽기를 선택한 건지도 모르겠다는 생각이 드는군요."

"어머니는 늘 당신이 받는 고통에서 우리를 보호하고 싶어하셨죠. 내 추측인데, 어머니는 마지막에 우리가 그 자리에 없는 게 우리한테 편할 거라고 생각하셨나 봐요."

　대부분의 사람들은 '우리의 수명이 다했을 때'나 병이 마침내 우리의 육신을 정복했을 때 우리가 죽는다고 생각한다. 그들은 죽음을 수동적인 것으로 보고 죽어가는 사람을 무기력한 존재로 간주한다. 그러나 실제로는 많은 사람들이 자신의 죽음에 어떤 통제권을 행사할 수 있다. 그들이 시간과 환경, 그 자리에 있을 사람까지 선택하는 통제권을 행사한다는 걸 알고 나면, 죽음이 덜 수동적이며 죽어가는 사람에게도 힘이 있음을 확인할 수 있다.

가족, 친구들을 위한
몇 가지 조언

이런 게 무슨 의미가 있을까? 죽어가는 사람과의 관계에서 무엇을 이루고자 하는가? 사랑과 감사와 안녕의 인사를 하고 싶은가? 똑같이 죽을 수밖에 없는 나의 운명을 직면하는 데 도움이 될 뭔가를 배우고 싶은가?

나의 감정을 확인해본다. 가까운 누군가가 죽는 것에 화가 날 때, 그 분노의 정확한 원인을 찾을 수 있는지, 그 분노를 달래려면 어떻게 해야 하는지. 죽어가는 사람과 같이 있는 것이 불안하다면, 그 불안의 원인이 어디 있는지 확인한다. 죽음에 직면해야 하기 때문인가? 어떻게 해야 할지 걱정이 되어서인가? 아니면 눈물을 흘리며 나의 슬픔을 드러내는 것이 부담스러운 것인가? 슬픔과 우울이 나를 짓누를까 걱정이 되는가? 나는 거리를 두는 것으로 지금의 현실을 회피하려는 건 아닌가?

죽음에 대처하는 건 육체적으로나 정신적으로 힘든 일이다. 내 감정이 쉽게 소진되고 육체도 기진맥진해질 수 있다. 하지만 자신도 돌봐가면서 대처한다면 더 잘 해낼 수 있다. 가급적 슬픔뿐 아니라 부담도 책임도 주변 사람들과 나누어 진다. 휴식을 취하고, 잘 먹고, 뭐라도 좋으니 매일 기분전환을 위한 시간을 가진다. 집에서 벗어나 집안일 아닌 다른 뭔가를 하는 것도 중요하다. 영화나 연주회, 연극을 보는 것도 좋다. 의지가 되는 친구와 외식을 하고, 음악, 명상, 기도 등 기분전환 기법들을 시도할 수도 있다.

부정과 분노, 흥정, 의기소침, 수용이라는 죽음에 대처하는 감정적 단계들을 상기한다. 이런 감정들은, 운명을 현실로 받아들이고 병과 함께 살아가는 생활에 적응하고 다가오는 죽음에 대비하는 가운데 우리 모두에게 생겨나는 것이다.

다음은 죽어가는 사람의 메시지를 알아차리고 거기에 대응하는 데 도움이 될 몇 가지들이다.

• 죽어가는 사람이 하는 모든 말에 주의를 기울인다. 누구라도 죽어가는 사람의 제스처나 그와 나눈 대화나 그가 평소에 하는 말을 적을 수 있도록 침대 옆에 펜과 스프링노트를 비치해두는 것이 좋다. 그런 다음 그 자료를 놓고 서로 상의한다.

- 아무리 막연하고 엉뚱한 말이라도 중요한 메시지가 담겨 있을 수 있다. 죽어가는 사람의 모든 말이 의미 있는 건 아니지만, 그런 진술을 놓치지 않으려면 그 모두에 주의를 기울여야 한다.

- 단서가 되는 징후가 있는지 지켜본다. 멍한 눈빛이나 당신 너머를 바라보는 듯한 모습, 안절부절못하거나 비밀스런 침묵을 지키는 것, 보이지 않는 뭔가를 가리키거나 손을 내밀거나 손을 흔드는 것, 엉뚱해 보이는 제스처나 미소, 뚜렷한 이유 없이 이불을 만지작거리거나 자리에서 일어나려고 애쓰는 것, 말하고 싶어하는 것을 못 알아들을 때 보이는 초조함이나 괴로운 기색 등.

- 이해가 안 되면 뭐든 부드럽게 캐묻는다. "무슨 일인지 얘기해줄래?" "너 오늘은 좀 달라진 것 같구나. 왜 그런 거지?" 같은 말은 이런 대화를 시작하기에 좋은 방법이다.

- 기운을 북돋우는 말을 사용해서 개방형으로 질문한다. 예컨대, 죽어가는 사람이 예전에 돌아가신 어머니를 두고, "엄마가 날 기다리셔."라고 하면, 그 말을 이런 질문으로 바꿔본다. "엄마가 널 기다리신다고?"라거나 "엄마가 가까이 계시다니 정말 기쁘구나. 더 자세히 얘기해줄래?"

- 죽어가는 사람이 하는 말을 수긍하고 옳다고 인정한다. 만약 그가 "정말 멋진 곳을 봤어!"라고 하면, "그랬구나. 그래서 네가 그렇게 행복해 보이는구나."라거나 "그런 얘기를 해줘서 정말 기뻐.

너한테 무슨 일이 있었는지 진짜 궁금한데, 좀 더 얘기해줄래?"
라고 말한다.

- 입씨름 벌이거나 이의를 제기하지 않는다. "암만 그래도 네가 엄마를 봤을 리 없어. 엄만 돌아가신 지 벌써 10년이나 됐어." 이런 말은 죽어가는 사람에게 좌절감과 소외감을 준다. 더 깊이 얘기하려던 것조차 그만두게 만들 수 있다.

- 죽어가는 사람은 자신의 직업이나 취미 같은 분야에서 개념을 차용할 수도 있다. 예컨대 조종사였다면 여행준비에 대해 이야기할 수 있다. 그 은유를 진전시킨다. "출발이 언젠지 아니?" 또는 "비행기에 누구 아는 사람이 타고 있니?" 아니면 "이륙준비를 할 때 내가 뭐 도와줄 게 없을까?"

- 이해가 잘 안 되면 솔직하게 말한다. 그것도 한 가지 방법이다. "네가 뭔가 중요한 얘기를 하는 것 같아서 나도 이해하려고 노력해봤어. 그런데 도저히 못 알아듣겠거든. 계속 노력해볼 테니까, 포기하지 말고 나한테 얘기해줘."

- 억지로 밀어붙이지 않는다. 죽어가는 이들이 대화의 여유와 깊이를 조절하도록 배려한다. 때론 자기가 경험한 것을 말로 표현하지 못할 수도 있다. 더 얘기해보라고 무리하게 요구하면 그들은 당황하거나 질려버린다.

- 죽어가는 사람에게 좌절감이 들지 않게 한다. 그들이 알려주는

정보가 너무 애매해서 도저히 알아들을 수 없더라도 그의 노력을 높이 평가한다는 것을 보여준다. "그런 얘기 하는 게 너한테 힘든 줄 알아. 나한테 얘기해줘서 고마워." 또는 "당신이 지친/화난/실망한 줄 알아. 이 얘긴 나중에 하는 게 더 낫지 않을까?" 아니면 "걱정 마. 우린 노력하고 있으니까 곧 알 수 있을 거야."라는 식으로.

- 무슨 말을 해야 할지 모르겠으면 아무 말도 하지 않는다. 때로는 그냥 죽어가는 사람의 손을 어루만지거나 미소를 지으며 이마를 쓰다듬어주는 것만으로도 충분할 수 있다. 신체접촉은 '내가 널 지켜주고 있다'는 중요한 메시지를 전달한다. 아니면 이렇게 말해도 된다. "그거 재미있네. 나도 한 번 생각해볼게."

- 때로는 죽어가는 이가 예상치 못한 상담 상대를 택할 수도 있다. 죽어가는 사람은 대체로 편하게 느껴지는 사람에게 중요한 정보를 알려주고 싶어한다. 자신의 이야기를 잘 들어줄 그런 사람에게 말이다. 내가 이런 역할에 뽑힌 제3자라면 그 정보를 가족이나 친구에게 가급적 하나도 빼놓지 말고 알려준다. 그들은 그 사람을 잘 알고 있기 때문에, 메시지의 진의를 더 잘 파악할 수 있는 사람들이므로.

[2부의 세상 떠나는 날의 풍경]에 속하는 메시지를 입수했다면,

그들이 자기는 혼자가 아니고, 다른 곳으로 갈 준비를 하고 있으며, 자신이 어디로 가는지, 또 언제 가는지 알고 있다는 것을 알려주려는 것이다. 이런 자각이 깊어지면 죽어가는 사람의 걱정이나 불안은 편안함과 평온함으로 바뀐다. 그 변화는 지켜보고 있는 사람까지도 바꿔놓는다.

[3부의 외롭지 않게, 쓸쓸하지 않게 이별하는 법]의 범주에 드는 메시지를 들었다면, 중요한 역할을 맡아달라는 요청을 받은 것이다. 필요하면 도와줄 수 있는 다른 사람들에게 그것을 알려야 한다. 환자에게는 그 부탁이 얼마나 중요한지 알고 있다는 것과 그 부탁을 들어주기 위해 애쓰고 있다는 것도 자주 알려준다. 부탁대로 해줄 수 없을 때에는 솔직하게 말하고 유감의 뜻을 표한다.

혹 '시간 선택'에 속하는 메시지를 알아차렸다면, 죽어가는 사람의 의지대로 상황이 돌아가리란 사실을 받아들여야 한다. 다시 말해 그가 내가 지켜보는 가운데 죽기를 바란다면 내가 거기 있게될 테지만, 그걸 원하지 않는다면 내가 임종을 지키지 않을 수도있다는 사실을. 그러니 임종을 지켜야 한다는 부담에 너무 시달리지 않고, 그냥 하던 대로 한다. 또 그가 죽을 때 그 자리에 없었더라도 자책하지 않는다. 아마도 그것은 죽은 사람의 선택이었을 테고, 수고를 끼치지 않으려는 그의 배려였을 것이다.

죽어가는 사람이 영적, 개인적, 도덕적인 '화해의 필요'에 해당하는 메시지를 전한다면, 그 문제가 해결될 수 있도록 최선을 다한다. 그 사람에게 그 문제를 해결하고 있으며 어떻게 노력하고 있는지 자세히 설명한다. 일이 잘 풀리지 않았으면 부드럽게, 그러나 솔직하게 실패했다고 밝힌다.

'붙잡힘'이라는 범주에 속하는 메시지를 들었다면 빠뜨린 요소가 없는지 여러 면에서 검토해본다. 환자가 뭘 필요로 하는지 알아내고, 그것을 제공하기 위해 애쓰고 있다는 걸 죽어가는 이에게 설명한다.

죽어가는 사람이 '상징적 꿈'에 대해 이야기할 정도로 아직 건강한 편이라면, 대체로 죽음이 임박한 상황은 아니다. 꿈을 해석하기는 쉽지 않다. 먼저 죽어가는 이가 생각하는 꿈의 의미를 물어본다. 그 꿈에 투영된 느낌이 죽어가는 사람을 두렵게 하거나, 외롭게 하거나, 난감하게 하거나, 걱정하게 하는지 살핀다. 그 사람과 이야기를 나누고 나의 생각을 이야기한다. "그 꿈속에서 당신은 뭔가를 겁낸 것 같은데……"라거나 "당신을 두렵게 만드는 뭐가 있었어?"라고 물을 수 있을 것이다. 꿈 이면의 느낌을 확인해보면, 죽어가는 사람이 자기에게 필요한 것을 깨닫는 데 도움이 된다.

의료인 / 호스피스 관련인들에게

의사나 간호사, 사회복지사, 성직자처럼 죽어가는 이들과 관계하는 전문 호스피스들은 다음의 제안에서 도움을 받을 수 있을 것이다.

- 임종자각에 대해 마음을 열고 그것을 수용한다. 그것은 호스피스 관련 기관 특유의 것이 아니라 어떤 환경에서나 일어날 수 있다. 병원, 가정간호, 요양원, 응급실이나 중환자실, 심장질환 병동이나 소아과 병동 등 사람이 죽어가는 곳이라면 어디에서라도 일어날 수 있는 것이다.

- 임종자각에 관해 동료들과 의견을 나누어본다. 환자진료기록부에 그런 현상을 기입한다. 간호사나 의사는 이런 현상들에 대해 강한 인상을 받아도 그것을 차트에 기록하는 경우가 극히 드물다.
  한 간호사는, "그런 걸 잊을 사람이 어딨겠어요? 뭔가 특이한 일이 일어나고 있다는 느낌은 받았지만, 그렇다고 그걸 차트에 기록해서 동료들에게 별나다, 바보 같다는 소리를 듣고 싶지는 않죠."라고 말했다.
  하지만 이런 순진한 생각들이, 죽어가는 사람의 중요한 요구를 알아차리고 거기에 적절히 대응하지 못하도록 만든다.

- 임종자각과 임사체험의 차이점을 알아둔다. 임종자각은 임사체험과 달리 환자가 아직 임상적으로 죽지 않은 상태에서 경험하는 것이다. 그들은 임사체험처럼 한순간이 아니라 더 긴 시간에

걸쳐 산발적인 경험을 갖는다. 그들은 경험하는 동안 말도 할 수 있고 거기에서 얻은 통찰을 다른 이들과 나눌 수도 있다. 따라서 거기서 얻은 정보를 전하려고 애쓰는 그들을 도와줄 수도 있고, 그들로부터 많은 것을 배울 수도 있다.

• 친구와 가족에게 죽어가는 사람의 메시지를 경청하고 해석하는 방법, 적절하게 대처할 방도를 알려주어야 한다. 환자의 가족과 친구들은 이 과정을 함께함으로써 인생의 중차대한 사건에 긍정적으로 참여할 수 있고, 앞으로도 어느 정도의 위안을 받을 수 있으며, 나아가 삶에서도 새로운 의미를 발견할 수 있게 된다.

임종자각을 아는 것이 모든 사람의 죽음을 다 편안하게 이끄는 만능열쇠나 죽음이 불러오는 비탄과 고통에 대한 만병통치약인 건 아니다. 그러나 죽음이 외롭고 무섭고 압도적인 사건만은 아니라는 관점을 제시할 뿐 아니라, 죽어가는 이의 지인들이 죽음의 불가피성에 직면해 위안을 얻을 수 있는 환경을 제시하는 것이, 바로 이 임종자각의 진정한 메시지다.

이 책의 이야기들이, 죽어가는 사람들을 무력한 병자가 아닌 한 명의 스승, 그늘이 아닌 빛을 내는 사람, 연민과 동정의 대상이 아닌, 이승 너머에 존재하는 것을 보여주는 길잡이로 생각하는 데 도움이 되길 바란다.

고인이 된 사람들과 가족들을 알게 되고 그들을 보살폈고 그들에게 약간이나마 위안이 되어줄 수 있었던 것은 일종의 특권이자 기쁨이었다. 우리의 삶은 그들의 가르침 덕분에 바뀌었다. 이 책은 그들 모두에게 바치는 추모서이다.

삶은 영원하고, 사랑은 불멸이며,

죽음은 단지 하나의 지평선에 지나지 않는다.

우리 시계視界의 한계 외에는 그 무엇도 아닌 지평선.

로시터 워딩턴 레이먼드(1840-1918)

세상을 떠난다는 것

초판 1쇄 인쇄 2014년 3월 10일
초판 1쇄 발행 2014년 3월 20일

지은이 매기 캘러넌, 패트리샤 켈리
옮긴이 손혜숙
발행인 정성진

펴낸곳 (주)눈코입
출판등록 2009년 7월 20일 제 2013-000361호
주소 서울시 마포구 양화로9길 16-16(2층)
전화 070-7569-1490
팩스 02-6455-0285
이메일 noonko21@naver.com

ISBN 979-11-951-9660-9   13190